Obras de Mário de Carvalho

Era bom que trocássemos umas ideias sobre o assunto

Mário de Carvalho

(p.146)
(p.183)

 Porto Editora

ERA BOM QUE TROCÁSSEMOS UMAS IDEIAS SOBRE O ASSUNTO
Mário de Carvalho

Publicado por
Porto Editora
Divisão Editorial Literária – Lisboa
Email: dellisboa@portoeditora.pt

© 2014, Mário de Carvalho e Porto Editora

1.ª edição na Porto Editora: Fevereiro de 2014
Reimpresso em Maio de 2017

Esta obra teve 8 edições anteriores, a primeira em 1995

Porto Editora

Rua da Restauração, 365
4099-023 Porto
Portugal

www.portoeditora.pt

Execução gráfica **Bloco Gráfico**
Unidade Industrial da Maia.

DEP. LEGAL 369204/14
ISBN 978-972-0-04641-3

Por vontade expressa do autor, a presente obra não segue as regras do Acordo Ortográfico da Língua Portuguesa.

Sinceramente, não sei corrigir-me do vício das divagações.

Camilo Castelo Branco,

O Amor de Salvação

*Lea per este livro o estudioso e achará com que se deleite, lea o
enfadado e achará com que se demova, lea o simplis e achará com
que se entenda, lea o triste e achará com que se alegre*

Orto do Esposo

*Ora eu que respeito havendo
ó tempo mais que ó estilo
irei fugindo ao que entendo,
farei como os cãis do nilo
que correm e vão bebendo.*

Sá de Miranda,

Carta a El-Rei D. João

ADVERTÊNCIA:

ESTE LIVRO CONTÉM PARTICULARIDADES IRRITANTES PARA OS MAIS ACOSTUMADOS. AINDA MAIS PARA OS MENOS. TEM CARICATURAS. HUMORES. DERIVAÇÕES. E ALGUNS ANACOLUTOS.

Primeira parte

Resvés ao caminho-de-ferro de Entrecampos, em rua estreita e discreta, de que o nome não me ocorre, foi construído, há anos, o controverso edifício da Fundação Helmut Tchang Gomes, que, como é sabido, suscitou indignações veementes na migalha de público dita «os intelectuais», cismas avinagrados na Associação dos Arquitectos, balanceios incómodos na cadeira dum ministro e choros convulsos numa misteriosa viúva de quem nunca mais se soube nada, nem eu nem ninguém. De controversa, a própria instituição também houve o seu quê, quando, em tempos, sediando ainda em Belém, no bairro das embaixadas, a alguns jornais desinibidos, muito hábeis em perscrutações, lhes deu para farejar tortuosidades financeiras, sumptos bizarros e habilidades de engenharia fiscal. Os anos passaram, as inflamadas arguições bocejaram em inquéritos inconclusos, um banqueiro que estrangulou a esposa com fio de pesca atraiu as atenções gerais, e a Fundação, discretamente, pacatamente, mortiçamente, lá foi patrocinando uns concertos de câmara, uma excursão à Nova Zelândia («pátria ancestral dos bravos Maori») e um recital de poesia hexamétrica em baixo-latim.

Naquela rua de Entrecampos, certo dia, fizeram implodir um velho prédio de estilo dito de Munique, com larga presença de basbaques e prevenção acautelada das forças da ordem. Ergueu-se um tapume, com os competentes janelos para espreitadores profissionais, destinados a evitar o chamado efeito Parmentier, ou «do fruto proibido», esconjurado pela máxima implícita: «observa mas não saltes!», tapume que atraiu mais os amadores de *grafitti* e os roubadores de tábuas que os espreitas de feitio. Não tardaram trabalhadores imigrados, escavadoras, martelos pneumáticos, andaimes, uma grua medonha, terror dos aviadores, e, em menos de nada, no espaço de se ir ali e já vir, estava a edificação pronta, pintada e inaugurada, com discursos, bandeirinhas e croquetes.

Escândalo! Escândalo e alarido! Talvez de entre os milhares de pessoas que nas empardecidas horas de ponta por aí circulam, azamboadas do sono e do cansaço, e que, de ordinário, não têm disposição para levantar os olhos, algumas, mais atentas aos jornais e aos televisores, se prestassem então a uma breve apreciação do prédio. Não consta que alguém tivesse desviado os passos ou arriscado o transporte por causa dum exame mais demorado e circunspecto. Apreciações contidas num «afinal não desgosto», ou «ele há cada mamarracho», breve haviam de ser esquecidas nas páginas dum jornal desportivo, entre os solavancos dum autocarro ou nos apertos belicosos duma carruagem de comboio. E seguramente não eram lembradas ao jantar, na altura da telenovela brasileira.

Sempre que em Lisboa se constrói um prédio de estilo, com prosápia inovadora, cai Tróia, caem o Carmo e a Trindade, caem dirigentes políticos, caem reputações, as ondas sonoras dos desmoronamentos imaginários ressoam, vibram, enervam, insistem, maçam, e só o que não cai é o edifício em causa, como não caiu este. De novo a pacatez da Fundação foi ofendida, violada a sua discrição, e o seu nome mencionado. Houve agitação, a subir nos primeiros dias, a estacionar depois e a descer sempre daí por diante. A polémica foi transferida dos diários para os semanários, destes para as revistas especializadas, daí passou aos livros e acabou, naturalmente, no olvido. As televisões dedicaram um minuto e meio ao evento, mas de forma tão veleira, alegrete e trapalhona que ninguém percebeu nada. De vez em quando, ainda se insinua algum remoque raivoso numa coluna de jornal. Um contumaz professor das Belas-Artes continua a trovejar, por alturas de Março, defronte dos seus alunos transidos. Nada que abale a firmeza dos materiais, nem a consciência ou a algibeira de quem os mandou convergir assim.

A Fundação brilha e refulge, entre os evinéis fuliginosos e azulejos tisnados das redondezas, no seu colorido de magenta, sabiamente combinado com o verde-alface de uns acrescentos metálicos construtivistas, em forma de canudo. Uns salpicos de cravos de latão dourado, organizados ao longo da fachada, evocam formas que se prestam à discussão, embora já desapaixonada. Uns vislumbraram ali os contornos selectos duma harpa, outros, o brado nacionalista dum barrete de campino. Numa homenagem a Jorge Luis Borges do arquitecto letrado — ou, quem sabe, do inspirado mestre-de-obras — lá está mesmo uma escada que não leva a parte nenhuma e que, a determinada vadiagem da zona, pareceu vazadouro ideal para seringas usadas e outros dejectos correlativos.

11

Com olhos de ver, ressalta ali a história arquitectónica da Humanidade, numa síntese muito proveitosa para estudantes. Está representado o divino Imhotep com a sua pirâmide de Saqqarah, Fídias com os frisos do Pártenon, Vitrúvio com os seus criptopórticos, Mestre Afonso Domingues com a abóbada da Batalha, a Bauhaus com as suas lisuras escorridas, Frank Loyd Wright com uma grande superfície vidrada, Niemeyer com uma esfera polida, e Raul Lino com beirais próprios de andorinhas, por cima de tudo o que seja abertura, grande ou pequena, quadrada ou redonda, sisuda ou festiva. A obra figura na capa dum álbum chamado *Lisboa Pós-Moderna*, que as más-línguas denunciam encomendado pela própria Fundação a uma senhora com fama de excelente fazedora de álbuns, especializada em porcelanas Ming, *ex-votos,* e — dizem — muito hábil a adivinhar destinos pelos astros. Na reprodução, por deficiência da tipografia, aquela cor magenta aparece um tanto esbatida e não deixa adivinhar as apóstrofes enraivecidas, que, de roldão com outras, vituperaram em tempos a pintura.

Houve, convenhamos, algum exagero e sobrecarga de nervos. A magenta não é tão hedionda como isso e há outras cores que ligam pior com o verde-alface. Creio que a maior parte dos detractores se encontrava então fortemente influenciada por certo cineasta suíço que chamou a Lisboa «cidade branca», confundindo-a porventura com Évora, ou com Campo Maior. As pessoas comuns têm destas coisas... Deixam-se levar pelas declarações de gente prestigiada, mesmo quando a gente prestigiada se deixou iludir por impressões fugidias e sacudidas pela sequência de fusos horários... Um autor fatigado resolve dar um título assim a uma fita. Há mais gente a reparar no título que na fita, e a olhar em volta, ninguém.

O venerando Alexandre Herculano chamou à capital «cidade de mármore e de granito» e, durante século e meio, nos discursos oficiais, nos arrebatamentos de bodas e baptizados, na retórica de alguns professores de liceu e na conversa dos anciãos ao adormecer de netos, Lisboa de mármore e granito jazeu. E olharam-se de viés aqueles espíritos positivos que, fiando-se mais nos sentidos e no saber geológico que na imaginação romântica, alertavam para a comprovada ausência de granito em Lisboa, e seu termo, e se recusavam a confundir com o mármore a humilde pedra lioz.

Se o grande Herculano fosse conhecido e estimado por esse mundo fora, como infelizmente não sucede, haveria agências a organizar safaris aos problemáticos juncais da Mauritânia, para observar o tigre nativo inexistente, apenas porque o escritor, num frémito de imaginação, pespegou a fera no *Eurico*...

Quanto à cor de Lisboa, de tons sempre variáveis com o fluir das estações e os caprichos dos sóis e das atmosferas, disponho-me a jurar e a declarar notarialmente que branca não é. Basta subir-se ao Miradouro da Senhora do Monte, ali a S. Gens, ou ao terraço do Hotel Sheraton, ou àquele enorme edifício azul que fecha a Alameda D. Afonso Henriques, nos altos da Barão de Sabrosa, ou mesmo ao humilde convés dum cacilheiro, para poder verificar que a cidade, descontando o grená rugoso dos telhados, varia entre os rosas suaves, os verdes esbatidos, os amarelos doces, em milhentas tonalidades que não fazem mal à vista. Lá terá as suas brancuras aqui e além, mas estão preciosamente colocadas, para compor o todo.

Mas isto de gostos e de cores parece que não é para discutir. Já foi. Agora não é outra vez. Se o meu amigo João de Melo, num dos seus livros, me assevera, com uma convicção firmemente reiterada, que «o mar é branco», seria de um mau gosto prosaico e burgesso ir dizer-lhe, contrariando-o, embora com afabilidade: «Olha que não, João, o mar não é branco, isso são as espumas; o mar é...» Aqui há que condescender com convicções entranhadas, tolerar as daltonias íntimas, garantir a liberdade poética, *libertas vatum*. Já com os tigres da Mauritânia, espreitando entre juncais africanos, me parece mais complicado de lidar, mas, também, nada me obriga a isso...

O que importa proclamar por agora é que, ainda que a cor magenta não venha nos dicionários, o que quase a candidata à inexistência, lançada naquela rua, desmerece tanta gritaria e intolerância. Não é improvável que daqui a sessenta anos — se a qualidade da construção o garantir — retinam campainhas, alertando para a notícia gritante, com esquadrias de vermelho ameaçador nos computadores de pulso e nos monitores que ocuparão paredes inteiras: «Alto, que querem pintar de cinzento o célebre prédio magenta da rua tal, que foi em tempos da Fundação Helmut e onde hoje estão instalados os serviços de vigilância da quadrícula 38. Segue-se a oração da tarde, para os que não puderam comparecer no templo!»

E porque já vamos na página catorze, em atraso sobre o momento em que os teóricos da escrita criativa obrigam ao início da acção, vejo-me obrigado a deixar para depois estas desinteressantes e algo eruditas considerações sobre cores e arquitecturas, para passar de chofre ao movimento, ao enredo. Na página três já deveria haver alguém surpreendido, amado, ou morto. Falhei a ocasião de «fazer progredir» o romance. Daqui por diante, eu mortes e amores não prometo, mas comprometo-me a tentear algumas surpresas. E, enquanto me apresso, vou protestando que houve um escritor que demorou trinta magníficas páginas a acordar de um sono e outro que gastou muitas mais a tentar demonstrar, fraudulenta mas genialmente, que a baleia é um peixe...

Ora, no sexto andar do edifício aludido, num gabinete amplo e com decoração assim-assim, que seria ocioso especificar, fitam-se duas personagens: uma, do lado do proprietário da secretária, a outra, do outro. O titular do gabinete e anfitrião chama-se Rui Vaz Alves, é vogal da administração e dirige o «departamento de contacto» da casa; o outro chama-se Joel Strosse Neves, estancia habitualmente num dos pisos de baixo e tem, sobre o primeiro, a única vantagem de ser o protagonista desta história. Como, neste breve relance, os dois homens estão apenas a olhar um para o outro e não adiantam nada, eu aproveito a ocasião para me prevalecer duma velha tradição literária e apresentá-los ao leitor, com o acrescento dumas circunstâncias esclarecedoras.

Rui Vaz Alves ainda não aqueceu o lugar. Foi chamado logo para o topo da hierarquia após o êxito dum despedimento colectivo numa empresa de que era chefe de pessoal e depois de ter escrito para um jornal popular um artigo célebre intitulado «A mão invisível actua com pés de lã», finalizado com um bramido muito festejado pela originalidade: *«Laissez faire! Laissez passer!»* Formou-se em Antropologia na Escola de Estudos Superiores de Montpognon, na Suíça, depois de alguns insucessos no limiar das universidades portuguesas por mor duns critérios de classificação rabugentos com que se sentiu desfeiteado e severamente ofendido. Zangado com a Pátria, não lhe ocorreu o desprezo de Cipião, que não consentia que a Ingrata tivesse os seus ossos, antes a ameaça de que Ela o havia de aturar, em carne e osso, quer o quisesse ou não. E vá de abalar para a Suíça, para vir de lá licenciado em Antropologia Analítica. A sua tese, que ainda não foi publicada, versa sobre «As Disposições das Alminhas nas Encruzilhadas do Alto da Beira» e suscitou um acolhimento benevolente dos professores helvéticos, mediocremente qualificados para se aperceberem dos erros de ortografia. Aos docentes estrangeiros há-de interessar pouco que um licenciado escreva *perjorativo* em vez de pejorativo, árbito em lugar de árbitro, ou *orquesta* por orquestra. Ter-lhes-á constado a igual indiferença dos professores portugueses por estes pormenores... De qualquer modo, parece transmitir-lhes um prazer sardónico isto de despachar para cá intermináveis levas de licenciados, doutorados e mestres, como se tivessem boas razões para nos querer mal. Com a Suíça, que eu esteja lembrado, nunca houve guerra. Não explorávamos os mesmos lagos e, quanto a montanhas, sempre nos puxou mais o Tibete. Fica, portanto, por explicar a má vontade que os sábios de Montpognon acalentam contra a inocência lusa. Alguma refeição no Algarve a cair mal a certo reitor, um jardineiro português excessivamente namoradeiro e adúltero, um turista que deitou um caroço de azeitona para o chão e se deixou surpreender... Caso para melhor averiguar...

Dizia então o doutor Vaz Alves, enquanto passava os dedos pela carneira garantidamente genuína da agenda *Exec,* com o seu nome impresso a letras douradas e encomendada por vinte e cinco contos, fora os portes do correio:

— Eu sou assim, eu gosto de desafios e estou certo de que você também gosta!

Esta frase, ouvida com digna circunspecção, causou um estremecimento íntimo assaz desagradável no interlocutor, que era muito avesso e relapso em relação aos desafios. Sem risco de exageros, pode mesmo asseverar-se que odiava desafios. Mas sobre o tremor íntimo irrompeu uma vulcânica consternação, também ela interior, que apenas se manifestou no gesto de apertar o nó da gravata. O licenciado Joel Strosse Neves dificilmente suportava que, fora de uma leve intimidade, um desconhecido o tratasse por você. Você é estrebaria, sete fardos por dia...

A questão das formas de tratamento na língua portuguesa chegou a dar duelos e mortes, em tempos ainda recentes. Ocorre-me um desfecho sanguinolento ali na Rua do Carmo, quando um fidalgo sobranceiro tratou outro por «Vossa Mercê». As soluções violentas não estavam, porém, ao alcance de Joel Neves que, além de ser cinquentão e de físico para o esguio, não se encontrava bastantemente apetrechado de independência material e social para enfrentar o seu chefe directo, nem tão anacronizado que o reptasse para um duelo ao nascer do Sol, nos brejos anexos ao Estádio da Luz, onde ainda pastam carneiros, uma trinca na relva, outra no cimento... Mas também não vislumbrou formas de demonstrar ao Vaz Alves que ele não se encontrava muito ao corrente da pragmática do português. Ou, dito por outras palavras, mais chegadas ao pensamento de Strosse, que o outro era um casca-grossa um tanto ajavardado, simbólico de ruins tempos. Procurou no entendimento expressões subtis que manifestassem um descontentamento entretecido de finura. Apenas maltratou de novo a gravata. A elaboração mental era, de resto, ociosa, porque, se Joel Strosse tivesse encontrado a frase fina e cortante que perseguia, provavelmente o interlocutor não a teria compreendido.

— Desafios? — inquiriu Joel Strosse, enfim, com a frieza cortês que pôde arranjar.

Abra-se aqui uma analepse, que é a figura de estilo mais antiga da literatura, vastamente usada pelo bom do Homero, quando não dormia, e não sei mesmo se pelo autor do *Gilgamesh*. Logo verei, com mais vagar. Os cineastas — deslembrados de Homero ou Camões — estão candidamente convencidos de que foi o cinema que inventou a analepse, a que chamam *flashback.* E até há alguns que manifestam animadversão contra os *flashbacks,* e nisto fazem lembrar uma escritora que tinha tanta repulsa aos diálogos como os monges medievais ao grego e Mafoma ao toucinho: «Diálogos? Não se lê!»... São estranhas e peculiares tinetas, desculpáveis por esta defeituosa natureza humana de não poder acudir a tudo. Não me ocorre agora nenhum escritor que abomine as analepses, mas deve haver algum. Esse não será, com mágoa minha, leitor deste livro, o que lhe restringe perigosamente o alcance.

E vem a tal analepse para contar o que se passou momentos antes (mais exactamente, quatro minutos e meio) quando, apreensivo, Joel Strosse, avisado por um contínuo, penetrou no gabinete de Vaz Alves, apertou o botão do casaco com a mão esquerda e a mão direita de Vaz Alves com a outra.

Vaz Alves abriu gestos largos, de braços em volteio elegante, exibiu o relógio *Rolex,* que descaiu um pouco sobre uma daquelas pulseiras com duas esferazitas que servem para dar energia e evitar doenças e não sei se maus-olhados, e sorriu abundantemente. Instalados, fez considerações sobre a decoração do gabinete, acoimando de surrealista um inofensivo candeeiro italiano, daqueles que articulam varinhas muito compridas e esterlicadas a rematar numa luzinha de halogéneo. Depois, remexeu na pasta pessoal de Joel e entalou-a entre as páginas da sua agenda especial de executivo, de onde sobrou bastante. Pigarreou, fez-se sério, contemplou o tecto e comprimiu as mãos no gesto a que os especialistas de gestos chamam «em abóbada». Embora não fosse, de ordinário, muito previsto, Joel nessa altura alarmou-se e pensou: «Temo--la armada!»

Tinha, pois! Alves já explicitava, com vigor, as profundezas do seu conceito sobre a Fundação. Aquilo — deixássemo-nos de tretas! — era uma empresa. Como todas as empresas, tinha clientes. Aos destinatários do giro da empresa fazia ele questão de chamar «o cliente difuso», designação que lhe parecia preferível à de «cliente global», configurando os «alvos» da «oferta de produtos». Nessa conformidade (ele dizia «como tal»), o primeiro requisito que se exigia era que os colaboradores (eufemismo para «empregados») fossem capazes de «implementar», em primeiro lugar a eficácia, em segundo a eficácia e, em terceiro, a eficácia.

Esperou uns instantes fitando olhos de águia em Joel, que a Joel mais pareceram de abutre, para ver o efeito que produzia o achado. Na verdade não havia efeito nenhum, apenas algum espanto, porque Joel Strosse, se bem que desmemoriado, ainda se lembrava da tripla audácia de Danton, nos tempos em que Danton, o Terror e a Convenção podiam ser matéria de conversa entre pessoas de ilustração tão-somente mediana.

«Em termos de» eficácia, ponderara Vaz Alves que Joel estava mal aproveitado e que convinha tirar partido dos seus interesses intelectuais, atestados e reiterados pelo *Público* entalado devotamente debaixo do braço, numa casa em que toda a gente, quando lia, lia o *Correio da Manhã*. E aqui encaixou aquela pergunta sobre se o outro gostava de desafios, que deixou Joel Strosse a matutar sobre se não estaria em marcha uma maroteira de alto lá com ela. Estava, estava... Vaz Alves propunha-lhe que passasse a ocupar-se da biblioteca da Fundação, lugar criado mesmo à medida das suas morosidades reflexivas e filosofantes. Via-se logo que ele — Joel — tinha aquela coisa de ser muito capaz de gostar de livros. Era assim que Alves considerava a «optimização dos recursos» humanos. Para as tarefas de velocidade, os jovens cheios de genica, para as tarefas de sossegada ponderação, os veteranos cobertos duma pátina de sabedoria acumulada, que mais não fosse, pela provectude.

E como, no dia seguinte, por inspirada coincidência, Joel Strosse seguia para férias, quando regressasse já encontraria o seu gabinete instalado na biblioteca. E tinha gostado muito de conhecê-lo, havia sido mesmo um verdadeiro prazer e contava que se propiciassem mais oportunidades para outras conversas assim instrutivas. E desejava-lhe boas férias. Não ia para Benidorme? Fazia mal, que Benidorme era muito bonito, embora ele, Vaz Alves, preferisse as Seychelles, um paraíso em que o único problema eram as diarreias. E já lhe estendia a mão, apertando-lha de estalo, com um grande sorriso, como quem diz: «Sempre camaradões, hem?»

20

Só no patamar alcatifado da escada Joel Strosse teve oportunidade de resmonear, mas apenas de si para si — porque a porta almofadada do outro já estava fechada e a secretária acabara de proferir um «bom dia» sorridente, musical e impróprio, dado o adiantado da hora —, que não gostava nada de ser bibliotecário e ainda se sentia com energia suficiente para continuar a redigir ofícios e pareceres. Um bibliotecário não mandava em nada. Não tinha mão sobre os destinos dos cidadãos...

Desde há anos que passavam pelo gabinete de Joel, a um ritmo regular, embora não excessivo, os pedidos de subsídios que ele devia atender ou desatender, de acordo com a política da Fundação, que dividia o mundo das solicitações em três continentes de tamanho desigual. O das «dignificantes» que, em tempos de maior francofonia, seriam apodadas de *chic* ou «*très chic*», o das «interessantes mas não prioritárias» e o das «inexistentes». Por exemplo, uma exposição de colchas bordadas à mão pela marquesa de Valverde, um curso de *ikebana* e uma conferência sobre heráldica & armoria seriam classificados de «dignificante»; um espectáculo da Cornucópia, um recital de versos de Alexandre O'Neill, ou um filme português em busca de subsídio sofreriam a nota de «interessante mas não prioritário». Um livro de poesia de um jovem autor seria inexistente. A distinção, às vezes, exigia termos hábeis, para o que a instituição havia sempre contado com a argúcia de Joel Strosse Neves. Uma proposta interessante mas não prioritária poderia transformar-se em dignificante desde que suficientemente «mediatizada», ou seja, propalada pela chamada comunicação social. A «mediatização» era assim uma espécie de banho dourado, apto a transformar um castiçal de chumbo desvalido numa peça de vitrina. Este critério levou mesmo a que o senhor Marco Paulo, arrumado de início na categoria de «inexistente», por causa daquele hábito de actuar nas feiras e romarias, fosse promovido *per saltum* a «dignificante» desde que apareceu com um programa (um «chou») na televisão.

Joel orgulhava-se de jamais ter deixado uma carta sem resposta e de, com uma única excepção que lamentava, mas sempre omitia — e eu, portanto, respeitarei —, nunca ter repetido os vocábulos de ofício para ofício, fruto de aturado labor sobre o dicionário de sinónimos. Chegava a gabar-se de intuição para qualificar as requestas e promovê-las ou despromovê-las consoante «os ventos ambientais», como ele próprio confessava em casa. Tinha criado um estilo. A face da Fundação durante anos e anos havia sido a sua prosa. E tudo em vão. Um badameco recém-chegado, ainda por cima licenciado em Montpognon, especialista em «alminhas», tinha poderes para o sepultar na biblioteca.

Num arremesso de rebeldia, tocou em dois botões e chamou os dois elevadores simultaneamente, violando, com descaro, uma circular da Administração. Daí a instantes teria de escolher entre a caixa forrada de napa branca com altifalantes que emitiam *As Quatro Estações* de Vivaldi, o *Adagio* de Albinoni e o *Coro dos Escravos* de Verdi, ou a de fórmica cinzenta com círculos de *néon* luminoso em que se ouvia *O Marco do Correio,* o *Fado do Embuçado,* ou um cantor de Coimbra, agora desembargador na Relação, que trilava: «Que lindos olhos tem / a filha da moleirinha / Mal empregada é ela / a andar ao pó da farinha...»

Foi precisamente ao som do «pó da farinha» que Joel saiu no piso competente e deitou ao seu gabinete um olhar melancólico e derradeiro, quase tão dramático como aqueles condenados à morte que antes de o carrasco lhes apertar o nó ao pescoço, e de proferirem a cabal frase histórica, aspiram profundamente o perfume da terra e formulam meiguices mentais para os campanários em volta, os rebanhos, os alecrins, as vedações, o Sol, a Lua, o bom povo, a mulher chorosa, o filho de bracito estendido e, de forma geral, as coisas que consideram aprazíveis e boas. Assim aquelas estantes de raiz de nogueira, aquela *Grande Enciclopédia Portuguesa e Brasileira*, o *Dicionário de Sinónimos* da Tertúlia Edípica, o pesa-papéis figurando a Vénus de Milo, embora lascada no pedestal, a fotografia do filho Cláudio aos dez anos de idade, já muito esmaecida, o tapete de Arraiolos, com um furo de cigarro escondido debaixo da perna da secretária, torneada à holandesa, as rimas de documentos, folhetos, prospectos e fotografias a consultar, os despachos já minutados e prontos para entrega: «Em resposta à prezada carta de V. Ex.ª datada de... do corrente, cumpre-nos informar que o seu projecto denominado "Biblioteca elementar básica", se bem que interessante, não consta actualmente das prioridades desta Fundação...»

Nunca mais. Aquelas mãos, tão aptas a compor subtilezas, teriam de se limitar a partir de agora a esgatanhar frases secas, desprovidas de encanto e de império: «Acusamos recebida a amável oferta de V. Ex.ª, que penhoradamente agradecemos», ou «Verificando com pesar que V. Ex.ª ainda não devolveu...».

Futuro sombrio, descriativo e monótono... Sentou-se, de queixo pousado nas mãos, recusou o café da tarde, desenhou uns bonecos mais ou menos idiotas numa folha de papel (borboletas e casinhas com chaminés fumegantes) e não redigiu uma única linha até à hora de sair. Ainda considerou a probabilidade de comunicar o caso à secretária do corredor e de fazer cara queixosa, numa despedida pungente. Mas a fulana provavelmente iria rir-se dele para os lavabos, com as outras. À cautela, Joel optou por gasalhar o seu desgosto em silêncio, até à hora de saída.

Às cinco e meia, Joel Strosse recolheu o *Público,* ensovacou-o brusca e heroicamente, de maneira que o cabeçalho ficasse bem à vista, levantou o queixo, dispensou os elevadores, não cumprimentou nem o porteiro nem o gorila da segurança e ala para casa. Era, naquele instante, um homem magoado mas decidido. A quê, seria ponto para ver depois... À rua apresentou o peito para fora e a barriga para dentro, e ao empedrado umas solas bem resolutas. Foi firmeza de pouca dura. Estava a dar uns passos, já distinguia o confortável *Fiat Uno* vermelho em cima do passeio, lá longe, porque não lhe concediam acesso ao estacionamento privativo, quando se viu malevolamente interpelado. Um assalto em plena rua às cinco e trinta e dois da tarde! Estas ocorrências são muito vulgares, embora pouco retratadas pela nossa literatura. Habitualmente ocupamo-nos de histórias de famílias, avôs, tios, primos, cunhados, uns bons, outros maus, cartas antigas a forrar baús, mansões vetustas a que se regressa, e essas coisas, e esquecemo-nos de passar pelas ruas, com atenção penetrante, e deixar à posteridade uma nota de verismo, bem documental: — No fim de milénio (compenetrem-se os vindouros), os transeuntes, mesmo na Europa, são frequentemente espoliados dos seus bens, na via pública, de forma ilegal e assustadora. Um jovem de mau aspecto tolheu-lhe o caminho e perguntou-lhe com voz de poucos amigos se podia falar. Joel, surpreendido, balbuciou qualquer coisa, mas já o outro se enervava: «Aiiii! Posso falar ou não?» Os olhos de Joel revolveram-se como os daqueles bonecos antigos da Feira Popular (a Dora: «Dêem à Dora um escudo, ca Dora diz tudo...»), à espera de um socorro salvador, mas o corpo, inteiriçado, nada de se mover. Os transeuntes passavam e passavam, o mastodôntico segurança da Fundação estacionava à porta, a olhar para ontem, e Joel ali especado enquanto o outro explicava que chegara na véspera da Madeira, para uma consulta, que lhe haviam roubado todos os pertences numa pensão da Baixa, que tinha ficado tão indignado que se sentia capaz de tremendas loucuras e, sendo preciso, a navalha escondida no bolso, já aberta e cheiinha de maldade, estava pronta a exemplificar isto tudo. Ademais, sendo seropositivo, também possuía uma seringa infectada, apta a castigar más vontades, gestos bruscos, ou carências de cooperação. Era à escolha: navalha ou seringa.

Joel, ainda em pasmo, levou a mão ao bolso, inseriu dois dedos no porta-moedas e sacou uma tremelicada moeda de cem escudos, muito medrosa e contrariada, que estendeu sem convicção. O rapaz levou muito a mal a generosidade e mostrou na face um desgosto sombrio, ofendido, desconsolado da Humanidade, enquanto se ia lamentando, com entoações de sincera mágoa: «Ai, que estamos a mangar ca tropa, ó o caraças...» E aquela cara, de pêlos crespos, agora empalidecida pelo furor, convulsa e retorcida pela ânsia de angariar, não correspondia exactamente à ideia que Joel Strosse fazia dum assaltante. Sempre pensara, quando lia as miuçalhas dos jornais, que os assaltantes fossem menos persuasivos e achara as vítimas um tanto pusilânimes. Por um instante fugaz — tanto que leva mais tempo a contar que a acontecer —, tentou recordar as suas aulas de judo, em adolescente, no Lisboa Ginásio: com a mão direita estendida e os dedos bem enclavinhados, filava-lhe firme a camisa, por altura do pescoço. Torcia rapidamente o pulso. Aproximava a perna direita do pé esquerdo do adversário e juntava a perna esquerda à outra. E o braço esquerdo, que faria? Ficava solto, ou arrebatava pela gola o bandido? Talvez puxando-lhe os cabelos... Não, o primeiro gesto era mas era aproximar o pé direito do pé esquerdo do rapaz, com uma ligeira torção de corpo; viria a seguir o agarrar-lhe na camisa com ambas as mãos... Ah, pois, e, se ele se inclinasse para trás, então passar a perna, num movimento rápido de maneira a atingir-lhe secamente aquela dobra que fica do lado de lá dos joelhos e que o professor de judo, relojoeiro de profissão, designava por «o cavo da perna».

— 'Tá a andar, queu não tenho o dia todo, ó o catano!

Espumaria o assaltante da boca? Exibia fauces fumegantes de dragão de Creta? Irradiava magnetismos hipnóticos? Isso não havia explicado o professor de judo, nas remotas aulas elementares para a candidatura ao cinto amarelo. O braço entregava rapidamente a carteira ao moço, enquanto o espírito continuava a tentar o destrinçamento dos golpes japoneses. Como se chamavam eles, aliás? *Airé kusauá tagaté? Auaku-Siorotó? Tagara aza guruá?* O assaltante já largava numa corrida, zás, catrapás, pé-de-gato e vê se te avias, e desaparecia na esquina. Uma maçada...

26

Entretanto, do terceiro andar do edifício, uma senhora assistia a tudo, primeiro com curiosidade, após com espanto, finalmente com indignação. Era Florentina Palha, que se encontrava encostada à janela, a escrever o número no passe social, e que tinha seguido de modo não desinteressado, antes carinhoso, os passos de Joel Strosse pela rua. Bem tentou abrir a janela e largar um grito solidário, mas aqueles caixilhos, cientificamente aprestados, abriam apenas quatro centímetros, até serem travados por uma régua de alumínio: «Ai, o senhor doutor, coitado!», exclamou Florentina Palha, a sacudir o vidro, como se o vidro tivesse culpa. E ainda gritou «Acudam! Acudam!» quando corria, em vão, aos saltinhos, pela alcatifa, rumo ao elevador. Strosse já por essa altura fazia espera no semáforo e, num rompante, era o verde a cair e ele a inserir o automóvel no perpétuo engarrafamento lisboeta. A lidar com pensamentos sobremaneira escurecidos, não dedicou nenhum deles, de qualquer cor que fosse, a Florentina Palha que, em sabendo disto por indiscrição minha ou do leitor, lhe perdoaria a ingratidão com um suspiro ligeiro, disfarçado e comoventemente cândido. Discorrerei agora sobre este desvelo de Florentina Palha, a própria, e matérias afins? Não! Há-de calhar o propósito, quando for ocasião.

Tarde chegou Joel a casa, que era um apartamento em Santo António dos Cavaleiros, dito T-3 (a sala em «L» valia por duas...). Tinha muito que contar à mulher, mas preferiu demonstrar o seu mau humor com breves rosnidos interrogativos. Se estava tudo pronto para abalarem, as malas, essas coisas? E a garrafa de água do Luso? E os lenços *Kleenex* para o *tablier*? E lavado, o pano amarelo do pó? Embora as respostas parecessem satisfatórias,

Joel Strosse só a muito custo foi assentando. Esquecera-se, na atabalhoação, de comprar *A Capital* e sentia falta de objectos para ocupar as mãos e do exercício rotineiro das palavras-cruzadas (as do *Público* tinham sido preenchidas de manhã, incompletamente, por causa de um substantivo de sete letras que significasse «habitante do Decão» e que eu aproveito para elucidar que é «decanim»). Vingou-se no comando do televisor, zap e zap!, enquanto deitava uns olhares de esguelha à mulher, que ia folheando uma propalada revista espanhola, escrita em castelhano, que trata de condes, financeiros, toureiros e mafiosos e de cujo nome não quero recordar-me. Ainda estou para saber o nome de certo lugar da Mancha, de maneira que retalio, omitindo o título da tal revista pernóstica dos vizinhos ibéricos. Cremilde Strosse Neves, com argúcia, soube manter um silêncio indiferente, levemente altivo e desdenhoso e não deu muitas oportunidades ao marido para desatar a iracúndia, o que, à partida, não lha melhorou muito, embora remoída por dentro.

Nas raras ocasiões em que Joel lhe aparecia assim, de sobrolho derribado e medonho aspeito, depois de um golpe brusco de chave a querer forçar uma quarta volta que a fechadura não comportava, Cremilde sabia que o amuo estava para durar e procurava desencorajar as guerreias. Uma mentirazita, às vezes, ajudava, ainda que por omissão, como neste caso. A garrafa de água do Luso, por exemplo, não tinha sido comprada. Mas havia tempo.

Enquanto verificava a bagagem, amontoada junto à porta, o furor de Joel Strosse foi-se desvanecendo. Fez perguntas. Desarrumou o conteúdo duma mala e afeiçoou-o a seu jeito, sem melhorias que valessem a pena. Quando resmungou contra o excesso de objectos, já o fez quase com bonomia, em cumprimento duma tradição, porque a autoridade sobre os materiais o apaziguava. Ao jantar, atirou uns comentários depreciativos contra as telenovelas («Não, Joacyr, não perdoo você por ter matado papai, fazendo ele pisar a jararaca em Quitudupié...») e, enfim, relatou, sem exageros nem dramatismos, a história do assalto, da navalha e dos doze contos quatrocentos e cinquenta que lhe haviam sido sonegados. O que valia era que os cheques, o multibanco e os documentos estavam na carteira do casaco. Cremilde preocupou-se e foi maternal. Após um breve recolhimento (e a telenovela a dar-lhe: «Sua cafagesta, tu montou o golpe do baú porque você invejava ele!»), ambos trocaram observações espavoridas sobre a falta de segurança nas ruas e concluíram que não valia a pena participar na esquadra.

— Eles só aparecem em não sendo precisos — suspirou Cremilde referindo-se à autoridade.

Joel fez um gesto concordante, levantando o garfo, e ocorreu-lhe (só então) que aquela secretária lá da Fundação chamada Adelina, que uma vez tinha lanchado com ele (dois pastéis de nata-tipo-tradicional e uma bica), era bem capaz de produzir comentários mais percucientes quando lhe contasse o caso. Pensar em Florentina amaciou-lhe o ânimo, se bem que o pensamento se tivesse enganado no nome.

A televisão, nessa noite, exibia oferta sortida: um concurso em que um fulano tomava banho num composto espesso de banha de porco e dejectos de pardal e depois se lambia, com acompanhamento de morangos e felicitações dum vasto público; um filme em que o herói derrubava um bandido, lhe traçava as costas com cinco ou seis facadas horizontais, lhe sacava as costelas para fora e as partia, uma a uma, com estalidos fortes e repulsão de matérias rubras; um programa em que um marinheiro regressava após vinte anos de ausência, com uma perna a menos devido à dentada dum tubarão, e a mulher, recebendo-o de braços abertos, bradava: «Assim ainda gosto mais de ti, caraças!»; uma curta-metragem sobre o sentido de orientação da mosca drosófila.

Joel optou pela mosca drosófila, contra a vontade de Cremilde, que preferia o marinheiro perneta. Não conseguiu adormecer, mesmo com o *Lorenin.* No escritório doméstico, quadra limpíssima e rebrilhante porque raramente frequentada, ligou o computador e conseguiu aceder a um jogo em que um boneco, uma espécie de sapo vermelho, com misturas de verme e lagarto, saltaricava por sobre um campo de minas. Ao segundo pincho, eis que pisou a mina. Catapum! Ruídos ásperos e pedaços sanguinolentos do sapo a esvoaçar pelo visor. Acordes da marcha fúnebre de Chopin. Joel desligou o aparelho e ficou a ver-se no reflexo do vidro do monitor. Fez caretas. Fez pose. Aborreceu-se. Veio-lhe o assalto dessa tarde à memória e analisou-o retroactivamente. Devia ter aplicado um golpe no pescoço do energúmeno, com o cutelo da mão, em plena veia jugular. Um… *agará toidué,* ou *sonó khaudá…* Agora, assobiasse--lhe às botas…

Entristeceu-se por lhe ocorrerem entretanto pesarosas circunstâncias da sua vida, tão deprimentes que só mais adiante as contarei, para não acrescentar, por agora, disforias à disforia, de que esta secção já vai carregada. Respeite-se a personagem e respectiva sentimentalidade.

30

Ei-lo que derivou para considerações filosóficas sobre o estado para que a sociedade vai refluindo, com tendência, sempre, a piorar, e isto agora já é matéria comunal, permissiva a devassas e partilhável. Concedamos que Joel tinha razão e recolhamo-nos para alguns tópicos íntimos sobre a decadência desta civilização, mas sem o perder de vista.

Afastava-se ele do monitor, quando foi surpreendido pelo próprio reflexo que, desta vez, cessadas as gaifonas, o contemplava, absorto e altamente magoado. Sentiu mais pena de si. E sacudiu a cabeça, num meneio, para o lado e para cima, meneio quase fortuito, mas que se revelou bastante inspirador.

A um canto da estante, lá no alto, bem iluminada pelos tons roseados do candeeiro arte-nova, herdado, rebrilhava a lombada de um livro, que não era qualquer: era o *Tchapaev,* de Dimitri Furmanov. Joel teve de se empoleirar num banco marroquino, frágil e desnivelado, para alcançar o volume, coberto de pó, inacessível aos espanadores. *Tchapaev!* Há tantos anos... Recordava vagamente as cavalgadas do velho cossaco, bigodeira ao vento, estepes afora, sabre sempre prestes a excessos, não fosse a temperança do seu ponderado comissário bolchevique. Acudiram-lhe mesmo uns acordes do coro do Exército Vermelho na vibrante canção dedicada ao herói: *«Quando Tchapaev chegou aos Urais.»* E foi a instabilidade do banco magrebino, obrigando-o a redefinir a figura e a desviar os olhos para outra prateleira, que o levou a lobrigar um austero *Anti- -Dühring,* encadernado em estopa cinzenta, apertado entre um Sartre e um Frantz Fanon, na área, largamente majoritária, dos livros adormecidos... Mesmo em desequilíbrio, conseguiu reunir o *Tchapaev* e o *Anti-Dühring,* congraçados e apertados contra o peito, enquanto a tremura do banco, incomodado por tantos quilogramas europeus em cima, ainda acrescentados com o peso dos livros, ameaçava trambolhões de desagravo com estardalhaço nocturno.

Folheou Engels, na cama, aberto ao acaso, enquanto o comprimido não fazia efeito. Cremilde sentiu luz, emitiu um protesto resmungado e inquiriu:

— Que estás tu a ler a estas horas?

Joel recitou, com vagar, virando-se para o lado: «O que há de certo, e se vê bem nos pensamentos dühringuescos e na língua que os exprime é até que ponto esses pensamentos se prestam pouco a qualquer língua e a língua alemã se presta pouco a esses pensamentos.»

— Deixa-te de pensamentos e vê se dormes, que amanhã é levantar cedo...

Tinha razão. E Engels, fechado sem cerimónias, foi discorrer baixinho para junto de Tchapaev, que já jazia na alcatifa.

Só por este episódio estar repleto de expedientes literários é que poupo o leitor a mais um. Vinha a calhar agora um sonho, com multidões, cânticos e bandeiras e umas irrupções disparatadas, com luares surrealistas sobre descomunais tabuleiros de xadrez, de que as pedras fossem rinocerontes bailarinos, para dar verosimilhança ao sonho que, por definição, é inverosímil e portanto só com inverosimilhanças é que se aceita, embora as verosimilhanças que vão de par com as inverosimilhanças estejam carregadas de sentido e de piscadelas de olhos, quando não são as inverosimilhanças que batem certo com os dicionários de símbolos de que, por acaso, nem tenho nenhum exemplar à mão. Recuso-me a utilizar tais processos e, ainda que Joel Strosse tivesse sonhado coisas (reparem bem: coisas — mais tarde, se tiver tempo, falarei sobre a legitimidade da utilização do substantivo *coisa* em literatura e jornalismo. Não foi o Bernardim a escrever: «Ua cousa cuidava eu / causa de outras muitas cousas...?»), coisas, delinquia eu, de interesse para a história, eu abster-me-ia de as contar. Questões de princípio que só me desabonam, mas que eu vou teimosamente mantendo.

Convém saber que bandeiras vermelhas nunca tinham passado pelas mãos de Joel Strosse. Não por falta de vontade, em épocas remotas. Não calhou. Calharam, sim, em tempos mais chegados, umas cor de laranja, com três setas tortas viradas arriba, plágio abusivo, para não dizer descarado, do símbolo da «Frente de Bronze». Heidelberg. 1932.

Fera medonha, um *doberman*. É de crer que aquele tenebroso perro mecânico de Ray Bradbury, mistura de Cérbero, de cão dos Baskerville e de moto japonesa, que ululava pelas ruas desertas das cidades, pronto a trucidar leitores de livros, teve como inspiração o *doberman*. O que ele faria aos escritores, o autor não o diz, mas suspeito-o muito capaz de ir além da trucidação.

Estes pensamentos não são meus, que não quero ferir susceptibilidades de criadores desvelados de *dobermans,* mas eram mais ou menos — descontando a parte do Ray Bradbury — os de Joel Strosse quando deambulava à toa, a fazer os cem passos, junto ao canil do estabelecimento prisional de Pinheiro da Cruz, para os lados de Grândola. Mal o ombro lhe rasou a porta de arame grosso, alteou-se, da banda de lá, uma espécie de rugido de motor de traineira, com tendência a crescer. Eram vinte ou trinta *dobermans* que se manifestavam à passagem do estranho, que logo preferiu, a largas pernadas, ir arejar para distâncias menos hostis. Pouco antes, frente ao canil dos pastores-alemães, mesmo ao lado, tinha sofrido uma recepção mais ou menos indiferente e sonolenta, de orelha arrebitada e canto do olho retorcido, própria de guardadores civilizados, aptos a distinguir os inimigos dos transeuntes. Agora os *dobermans* tinham era só vontade fanática de morder, dilacerar, esquartejar...

Enfim, Joel Strosse padecia daquela perturbação fóbica moderna, equiparada ao medo de andar de avião, que é o pavor dos *dobermans,* já descrita e classificada em trabalhos seriíssimos, e que inexistia nos tempos venturosos em que os *dobermans* ainda não tinham sido inventados pelo senhor alemão que lhes deu o nome.

Mas que faz Joel Strosse a cento e cinquenta quilómetros de Lisboa, no seu primeiro dia de férias, passeando nos logradouros da cadeia de Pinheiro da Cruz, deixando-se desfeitear pelos *dobermans* do respectivo canil e exibindo sobre o medroso um ar triste e preocupado? Faz tempo, e bem amargurado que ele lhe sai...

Transposta, mais além, a porta de ferro do muro das guaritas, passado um pátio interior e outra porta de ferro, dando-se mais uns passos e atravessado um gradão, virando-se à direita e transposto novo gradão, entrada uma vastíssima nave, subidas umas escadas e percorrida uma galeria protegida com redes, encontra-se a cela em que está preso há dois anos o seu filho Cláudio Ribeiro Neves. Joel Strosse não conhece todo este percurso, aqui explicado pelo à-vontade do omnisciente narrador, o qual, se a cadeia de Pinheiro da Cruz não for exactamente assim, convida desde já os serviços prisionais a conformarem--se ao texto, ou pelo menos a absterem-se de polémicas incó-modas e derivativas do que lhes interessa a eles e a mim.

Um narrador omnisciente tem as suas vantagens. Se o nar-rador não fosse omnisciente não saberia deste particular por-que, quando o filho foi detido, julgado e condenado a sete anos de cadeia, beneficiando de amnistias e atenuantes, Joel conseguiu manter um segredo quase total. Em lhe pergun-tando alguém, dizia que Cláudio estava, ora na Suíça, ora na Áustria, ora no Canadá, tudo paradeiros respeitáveis.

Era um grande desgosto que o trazia, desde há alguns anos a esta parte, mais acabrunhado e metido consigo que o natu-ral, que já não era esfuziante. Em todo este tempo, apenas uma vez havia visitado o filho, ainda na Judiciária, em regime de detenção, convencido de que se tratava de um erro, uma con-fusão, uma rabugem da Justiça e do Estado. Quando, a pouco e pouco, pelo conhecimento do processo e de outras circuns-tâncias, se foi desiludindo, sentiu que havia soçobrado uma das suas principais — e escassas — razões de viver. E nunca perdoou ao moço tê-lo desapontado tão brutalmente. Visitas, nunca mais. Limitava-se a transportar Cremilde — fazendo sempre notar que era mais por ela do que pelo preso — e gas-tava aquela interminável hora passeando em volta, de mãos nos bolsos, até que a porta se abrisse e os familiares dos reclu-sos debandassem, com os seus fardos de roupa suja, e Cre-milde, sempre chorosa, entre eles.

A Cláudio nunca tinha sido negado um pedido. Joel Strosse sentia orgulho naquele filho, desempoeirado, ágil de raciocínio e de modos, com qualidades de determinação que ele próprio nunca havia possuído. Depois de uma infância bem transcorrida e gratificante para o pai — descontando as notas escolares, a que, recordado do seu próprio exemplo, não dava grande importância —, Cláudio aparecia como um adolescente vivo e desempenado, pronto à acção e pouco dado a fumos melancólicos ou complicações de alma. No grupo de rapazes do bairro era muito conhecido, destacava-se, dava ordens. Strosse gabava-o no emprego, que era então na Direcção-Geral do Ordenamento do Território, mostrava fotografias, contava feitos de fugas a polícias ou proezas atléticas. Convencia-se, e tentava convencer, de que Cláudio havia de ir longe.

Cremilde, mais prevenida e menos fantasista, sempre observara a evolução do filho com preocupação. Onde Strosse via afirmações de virilidade, ela queria sentido de responsabilidades. Enquanto o pai passava ao terceiro sono, a mãe esperava muitas vezes por Cláudio à janela, numa ânsia, até que ele aparecia, altas horas, num grupo barulhento, bizarramente vestido, que derrubava caixotes de lixo e trepava aos candeeiros. Tinha muitas namoradas, variava, não assentava. Reprovava sistematicamente, militantemente, no fim do ano. De viés, Cremilde olhava-lhe para os braços, procurava sinais de picadas de agulhas, mas não havia perfurações na pele lisa e saudável. («Ó mãe, francamente, deixe-se disso, pá...» «Não te atrevas a chamar "pá" à tua mãe...») Um dia, apareceu, muito pimpão, a comunicar que não queria estudar mais, e Joel Strosse acordou sobressaltado do enlevo.

Houve uma discussão tensa, de homem para homem, com particulares práticos, filosóficos, sociológicos e éticos. Cremilde, nessa noite, não foi admitida ao escritório.

Se não queria estudar, queria fazer o quê? Negócios! Muito bem, mas quem é que, fora das caixas dos supermercados e dos serviços de paquete, o admitiria com tão poucas habilitações e nenhuns conhecimentos da vida? Ele lá sabia... E queria passar a vida a entregar *pizzas?* Ou ao balcão duma lavandaria?

O rapaz impacientou-se, mas procurou manter-se sereno, num esgar de dentes apertados uns contra os outros, com aquele autodomínio que Strosse sempre havia admirado e que às vezes o irritava um pouco.

— Eu não falei em empregozecos próprios de falhados, pai. Falei em negócios. Bizz...

— Mas que sabes tu de negócios?

— O suficiente para não passar a vida toda encafuado num T-3, a aturar chefias, e a usar um *Fiat Uno* que não dá prestígio nenhum.

«Touché!», pensou o pai. «O meu modelo não lhe serve e nisto terá razão.» Percebeu que era inútil discursar sobre as virtudes do saber (que aprendiam eles na escola, afinal?), das vantagens dum grau académico (que vantagens, pensando bem, se tantos iletrados tinham um grau académico?), da segurança dum emprego qualificado (qual segurança, de resto, quando a ânsia de despedir se transforma quase em ritual religioso?), do prestígio social da licenciatura (qual prestígio, logo batido por uma razoável facturação numa empresa de ponta?). Ele tinha outros argumentos, tinha, não sabia era exprimi-los e, ainda que soubesse, não fariam grande sentido ao jovem de dezoito anos que exibia aquele sorriso crispado e lhe chegava a dar — de igual para igual — uma pancadinha cúmplice no

ombro: os tempos mudaram, caramba, pai! Agora há oportunidades...

— Mas vais dedicar-te a quê? Olha que isso da bolsa é muito arriscado e eu não tenho dinheiro para tu investires.

— Sócios! Confie em mim, pai. Não vai gastar nem um tostão.

— Mas quais sócios?

— Confie, confie, que vai ver...

O pai confiar, não confiou, mas, confiasse ou não, o resultado acabaria por ser o mesmo. Não vale a pena insistir nos pormenores. Sabe-se — precipitação do autor — no que Cláudio deu. Talvez convenha, de momento, contar apenas o jantar em que Cláudio apresentou uma namorada aos pais, para que fique conhecida entre nós a jovem Eduarda Galvão, então mais jovem ainda e algo enamorada.

— Um T-3? Ah, julgava que tivessem mais divisões...

Foram estas as primeiras palavras de Eduarda Galvão quando entrou em casa de Joel Strosse, decorridas as apresentações e prolegómenos de cortesia. Cremilde retorceu os lábios num sorriso contrafeito e Joel achou uma certa graça à moça, sentimento que durou até ao fim da sopa. Cláudio falou sobre automóveis (os *Honda* naquela altura eram muito populares entre pessoas como Cláudio) e Eduarda contrariou-o. Um tio dela tinha um *BMW* que metia qualquer *Honda* num chinelo e fazia a rampa da Vialonga em quinta, sem balanço nenhum, arrancando em terceira.

Joel tentou elevar o nível da conversação, aludiu à guerra dos Balcãs, mas apenas propiciou a Eduarda uma boa oportunidade de brilhar a respeito de horóscopos. Nesse ano, 1994, estava previsto o aparecimento dum planeta até aí desconhecido, que havia de se chamar Proserpina, a deusa da morte entre os gregos, egípcios, ou coisa assim. Era um mau prenúncio *(pernúncio)*. Haveria uma catástrofe, um dilúvio com chuva de enxofre, e depois o mundo seria melhor.

— Como é que você sabe isso?

— Ora, toda a gente sabe — respondeu Eduarda. — Não ouviram aquela brasileira, Astragélsida Schmidt, outro dia, na televisão?

E a rapariga, frágil e asserigaitada, de cara miúda, muito disponível para ajudar na cozinha e para ditar uma receita de encharcadas com pinhões, desatou a falar, não mais se calou, dominou o ambiente, deu conselhos e chegou a ter uma conversa íntima com Cremilde, à parte, completamente destituída de importância, o que leva a omiti-la a bem da economia da história. Cláudio parecia encantado. Os pais, nem tanto.

— Que te pareceu? — perguntou Joel, à noite, no quarto, depois de uma interminável embirração com a mulher que se via mesmo que tinha sido engendrada só para evitar o assunto.

— E a ti?

— Eu perguntei primeiro.

— Sabes — acabou por dizer Cremilde, pensativa —, com o que vai por aí... Podia ser pior.

— É bonitinha, mas aquilo dos astros e dos horóscopos chineses parece-me um tanto de escada abaixo.

— Pensando bem, o Cláudio não é muito melhor...

— Mas gostavas de a ter como nora?

— Fecha mas é a luz.

Umas semanas depois, ao nascer do Sol, uma brigada da Polícia Judiciária, destituída de boas maneiras, bateu à porta, empurrou Joel Strosse estremunhado, enquanto um dos agentes lhe exibia um mandado em frente do nariz, e foi levantar Cláudio da cama.

Cláudio chefiava uma pequena rede de traficantes de droga, e está tudo dito. A polícia encontrou-lhe duas armas escondidas no quarto, documentos falsificados e outro material suficiente para uma incriminação pesada. Quando, algemado, passou pelo pai, deixou-lhe um pequeno sorriso conformado, como quem diz: «Azares, contingências... mas porreiríssimo à mesma.»

Após multiplicadas e penosas diligências, que envolveram entrevistas com um encadeado de jovens de esquiva conversação, Cremilde conseguiu encontrar Eduarda, num café da Praça de Londres, e ela fingiu não a reconhecer. Abordada, lembrou-se vagamente, com um alheamento enjoado, e explicou-se:

— Ah, já não andamos juntos... Eu desconfiei de qualquer coisa, ele passou a fazer-se muito esquisito, a dar pouca assistência, de maneira que bem vê...

Cometeram o erro de arrolar Eduarda como testemunha de defesa no tribunal. Com muito à-vontade, exibindo um corte Ana Salazar do ano passado, disse aos juízes que se afastara definitivamente de Cláudio por desconfiar de que ele flauteava bem acima das suas posses. Porquê? Porque, tendo ido jantar uma vez a casa dos pais, tinha visto como eles viviam com modéstia. Nem um quadro de autor nas paredes, nem um móvel italiano. E concluiu:

— Também, como diz o padre Alves, ali da paróquia das Mercês, nem todos podem morar na praça, não é?

Eduarda era filha de uma mulher-a-dias e de um empregado da Câmara que também fazia biscates de táxi, mas recusava-se obstinadamente a encarar essa parte da realidade. Ao tribunal não causou nem boa nem má impressão, apenas ajudou levemente a carregar o perfil de Cláudio. Na assistência, consideraram que foi a testemunha mais vistosa.

Por estas e por outras, mais por outras do que por estas, sete anos de prisão para o réu.

Quando um homem de cinquenta anos se põe, inevitavelmente, a deitar contas à vida e a considerar com melancolia que na Idade Média ou na Antiguidade seria já um ancião provecto à beira da cova, anseia preencher uma das colunas do livro íntimo com o registo das coisas boas que lhe aconteceram, ou, à falta delas, com o rabisco de um traço mínimo deixado pela sua passagem à face da Terra. Como as boas obras são escassas e facilmente esquecíveis, os homens maduros, achando desguarnecida a coluna do bem, acabam sempre por contar com os filhos para preencher as lacunas, investindo-os em procuradores e mandatários da progenitura.

Assim, Joel Strosse, sem grandes expansões, fora sempre admirando o desempenho desembaraçado e expedito de Cláudio, que era um rapaz de personalidade, cheio de artes e desenvoltura. Secretamente, tão secretamente que nem ele próprio se apercebia, aspirava a que o filho lhe vingasse os fracassos, as humilhações e as desditas.

Ao ver o rapaz preso, e justamente preso, sentiu-se profundamente desesperado, na acepção mais carregada e angustiante que a palavra possui — sem esperança. E o orgulho que tinha no filho transformou-se em rancor, menos por o moço ter destruído a vida dele, mais por ter retirado um suporte para uma descida suave e tranquila da sua, até ao ponto final em que o corpo houvesse de afundar-se em seis palmos de terra.

E foi este rancor que o ajudou, pensando bem, a aguentar o choque daquela surpresa tão brutal. Subtilezas da alma humana... Defende-se e procura o conforto, no próprio inferno, como o sentenciado ao fogo se contorce para o lado da chama menos violenta ou da brasa mais fria.

Abriu a porta do automóvel e, mal Cremilde entrou, instalou-se rapidamente ao volante e acelerou, antes que um daqueles familiares dos presos, que desprezava, lhe viesse pedir boleia. Aconteceu isso mesmo e Cremilde teve de mentir, explicando que iam para o Sul, por suspeitar que os suplicantes queriam ir para o Norte. Mais adiante, pela janela do automóvel, sustentaria o contrário, junto de outro grupo.

Cremilde não se conformava. Lutava. Vivia há meses tenazmente empenhada numa querela reivindicativa. Queria que o rapaz fosse tirado da cela e passasse ao chamado regime aberto, com possibilidade de se deslocar no exterior da cadeia e, talvez, pernoitar do lado de fora, na zona a tal destinada. Todas as energias se lhe consumiam naquilo. Passava horas a estabelecer contactos, a tratar de expediente. As autoridades prisionais não tinham tão boa impressão de Cláudio como Cremilde, recusavam despacho aos sucessivos atestados, depoimentos, requerimentos, abaixo-assinados, e pareciam petreamente insensíveis a cunhas de gente respeitável, da tropa, da política e da Igreja.

Tradicionalmente, a viagem decorria num silêncio de vidro até o carro entrar, sempre com dificuldade de manobra, no *ferry* do Sado. A imperícia de Joel era pretexto para Cremilde desfechar o ataque. E, falando asperamente doutras coisas, miúdas e particulares, era do filho que estavam a falar, sem o dizerem.

Joel esperara pela leitura do acórdão condenatório para declarar que, a partir desse momento, o seu filho Cláudio deixara de lhe interessar. Quase chegou a proclamar «o meu filho, para mim, morreu», mas conteve-se a tempo, ao perceber a teatralidade ridícula do lugar-comum e a falsidade dele, porque a fotografia de Cláudio lá continuava na Fundação sobre a secretária.

— Biltre e miserável egoísta! — respondera Cremilde em fúria, nesse mesmo instante.

Que a culpa era dela, Cremilde, respondera Joel. E seguiu-se uma gritaria, com choros e insultos impensados, que durou até ao regresso a casa e se alteou por sobre os ruídos de todos os televisores do prédio, a ponto de suscitar comentários oblíquos, mais tarde, na assembleia dos condóminos.

Nunca mais falaram no assunto. Pensavam era muito. Retomaram as relações e a rotina umas duas semanas depois, como se nada tivesse acontecido. Mas tinha.

E ei-los assim, a altercar na travessia do Sado, alheados dos golfinhos, a caminho do seu primeiro dia de férias, como sempre, na Costa da Caparica, em Santo António, num rés-do-chão que arrendavam há anos a uma velha rabugenta, proprietária de muitos gatos, cujo odor continuava a impregnar a alcatifa, ainda que de Verão estivessem carinhosamente recolhidos noutro lado qualquer, para dar lugar a veraneantes. E, por ora, ponto final.

*

Joel Strosse tinha agarrado numa revista francesa, *Ça ira!*, e procurava concentrar-se num artigo intitulado «*La gauche post--moderne, une déconstruction en marche?*», mas não conseguia passar do primeiro parágrafo. Era à tarde, cirandavam moscas e, de permeio, umas melgas franco-atiradoras, prontas para atacar pela calada da noite, com aquele ruído característico da Fórmula 1, mais irritante que as alergias da matadura. Mistério, aquela presença de insectos alados, com as janelas todas fechadas e um líquido especial, caríssimo, a actuar numa garrafinha que se ligava à tomada de corrente.

Pela janela gradeada, via passar os veraneantes que regressavam da praia, dobrados ao peso dos guarda-sóis, basto enfadados, num carreiro sem fim. Pareciam *zombies*, de carnadura flácida, jeito mortiço e olhar vazio. Esta época obriga as pessoas a ir para a praia, a aturar a incomodidade de areias peganhentas, águas geladas, golpes de vento, bafos de multidão, peixes venenosos, miúdos turbulentos, sal na pele, transpiração, queimaduras, insolações, chatices, para confirmar que as práticas rituais só são válidas com algum desconforto. Há que prestar uma contrapartida pela conformação ao social. Está estabelecido pelas leis férreas do planeta.

Se um cidadão, por razões de economia ou fobia de médico, entrar numa loja de produtos naturistas e procurar por uma mezinha, um chá, ou coisa que o valha, que faça bem à digestão, mas tenha agradável sabor, é porque quer ser descomposto e expulso. Os vendedores, quando nos confiam as mistelas, partem do velho princípio medieval de que o que tem vocação para curar há-de ser repugnante e de que quem lhes entra na quitanda já há-de levar o coração aos saltos de um terror que, sendo — na óptica deles — saudável, já perfaz meia cura. Se alguém quiser sentir-se bem, há-de pagar o preço de se sentir mal.

Assim acontece com este bizarro ritualismo da ida para as praias. Um fulano associa-se a uma prática socialmente reconhecida? Quer mesmo ser dos nossos? Então tem que penar. Ainda bem que este é menos sanguinário que outros ritos de povos distantes, mas ainda mal que é mais demorado e chega a atingir os trinta dias de tortura continuada.

A penar estava, pois, Joel Strosse, com aquela chatíssima revista francesa na mão, sem andar nem desandar do sempre mesmo prolixo artigo, preocupado com o mosquedo e antevendo noitadas de vigília bélica em que a mesma revista, devidamente enrolada, havia de servir de arma. Cremilde, sentada num sofá estampado de flores, cujos castanhos e cinzentos não se sabia bem se eram obra do artista desenhador ou do uso continuado, ia folheando a *Elle* e perorando destarte:

— Vem aqui que as varizes não têm cura. A operação pode aliviar um bocado, mas cura é que não há. É um médico que diz. Traz a fotografia e tudo.

Joel chegou-se à janela com o intuito de baixar a gelosia, tarefa árdua, científica e complicada, com aqueles fios todos num emaranhamento marujo. Vagas reminiscências infantis traziam-lhe à ideia que as moscas e demais bichezas aéreas não circulam na penumbra. É uma ilusão incutida pelos nossos avós, que consideravam as moscas inexistentes desde que o olhar humano, desarmado de bastonetes, as não distinguisse na escuridão. Talvez as próprias moscas ajudassem a esta crença, deixando-se ficar mais sossegadas na pasmaceira de estores corridos, a esfregar as patas da frente e a sorrir à maneira delas...

Debatia-se Joel com as gelosias, retardando apenas o momento de chamar por Cremilde para que viesse fazer aquele trabalho, e considerava, numa complexidade de sensações que apraz assinalar, que aquela grade de fora bem precisava de ser pintada, porque o branco já perdia para a ferrugem, quando distinguiu, do lado de lá, panamá na cabeça, tristemente curvado pelo peso de uns sacos, ao jeito de veraneante, uma figura que lhe pareceu familiar. Apesar da barba esbranquiçada e das feições adiposas, reconheceu, com regozijo, o amigo Jorge Matos que já não via há vinte e tal anos.

Cremilde quase se assustou com a fúria ruidosa com que Joel correu para a porta. Abandonada, a gelosia resvalou, com um estralejo de estalires metálicos, as moscas assustaram-se e alteraram de emergência os planos de voo, a alcatifa castanha deixou-se amarrotar. Joel abriu a porta da rua, atravessou o patamar, pôs pé na calçada, afogueado, espreitou para aqui e para ali, pesquisou através da montra do café, da tabacaria. Nada. Jorge Matos tinha desaparecido e o carreiro de *zombies* prosseguia, molemente.

Eu sei onde é que Jorge Matos estava. Tinha entrado na porta do prédio ao lado e fazia agora caretas ao espelho do elevador que, partido em três grandes áreas, apressadamente chumbadas, lhe apresentava três caras e convidava às gaifonas até o cidadão mais circunspecto. Ao contrário do que uma visão

superficial poderia inculcar, este Jorge Matos, embora estivalmente vestido, não veraneava. Vivia mesmo ali. Não vinha da
praia. Vinha das compras.

Quando entrou em casa, o seu «tugúrio», como ele dizia, não
sem propriedade, atirou o saco de plástico, repleto de iogurtes,
para cima de um sofá coxo e murmurou: «Ai eu...» Depois sentou-se e ficou à nossa disposição para podermos analisá-lo à
vontade, ao som de *O Vulnera Doloris* de Palestrina, que tinha
acabado de accionar com o comando automático.

Jorge António Carreira Matos, quarenta e nove anos, divorciado, portador do BI n.º 310477.8, professor do ensino secundário, titular de algumas pós-graduações, actualmente inspector escolar e autor secreto de um montão de peças de teatro
inéditas. Homem de esquerda e mordaz. Uma filha, dada em
beata, missionária em São Tomé, e uma ex-mulher interveniente, mandadora e ríspida, frequentadora de congressos
médicos, de preferência no estrangeiro. Pais falecidos. Bens
escassos, podendo ser pior.

Jorge sentia-se de muito mau humor porque odiava justamente a época de férias. As ruas ficavam cheias de gente, os
andares da vizinhança eram alugados a veraneantes barulhentos, os contentores transbordavam de lixo, com círculos
de ratazanas em volta, quando não de gatos tigrados, quer no
pêlo quer no feitio, nas ocasiões em que a assembleia não era
de rafeiros. Ainda por cima, havia bichas no supermercado e o
ambiente estava impregnado por fumos de churrascos de
frango dos restaurantes improvisados, geralmente governados
por bigodaças imundos, com barretes às três pancadas, muito
refractários às inspecções das actividades económicas.

A quadra tinha uma estante Olaio, larga, cheia de livros, uns na horizontal, outros na vertical, em sobrecargas de peso, que encurvavam as prateleiras, enfeitadas por uns vagos vidros coloridos da Marinha Grande que mal sobressaíam entre os volumes. Nas paredes, uma reprodução da *Guernica* e outra, enorme, de Delacroix, *A Caça ao Leão*. Na verdade, quando, trinta anos antes, Jorge Matos tinha adquirido o Delacroix, não era bem o quadro que queria, era o que havia. Advertido por uns colegas, procurara no Brito, ao Campo Grande, a alegoria sobre a revolução de 1830, com a *demoiselle aux grosses mamelles* sobressaindo, branca, entre beligerantes irados, escopetas, cadáveres e desolações, mas, quando fora para comprar a gravura, já a PIDE a havia apreendido. Comprou uma *Caça ao Leão*, sabendo que sempre que olhasse este Delacroix se lembraria do outro. Quanto às visitas, encarregava-se de anunciar: «Não era este quadro que eu tinha na ideia, era *A Liberdade Guiando o Povo*, mas...» E os frequentadores da casa, onde se via árabes de maura lança, cavalos e leões, passavam a ver antes a Liberdade de peito descoberto, a bandeira tricolor e o revolucionário chapeludo de escopeta em punho. No corredor, quem entrasse, deparava com um Karl Marx hirsuto, de melancólico olhar de gesso. Do lado interior da porta da casa de banho estava colada, já um tanto esmaecida, e de cantos retorcidos pelo vapor, uma gravura representando Che Guevara. Apertado entre os livros duma outra estante, construída argutamente de tijolos e pranchas, numa técnica artesanal que se vai perdendo, sorria um Lenine em busto, de aspecto um bocado estranho, mais gordo que o costume, porque fabricado na China.

Havia uns sofás, quadrejados à escocesa, já um bocado cansados da vida, um deles coberto de borbotos provocados pelo afã afiador de um gato ancestral, em boa hora desaparecido, e um relógio de pesos, vermelho lacado, com muitos riscos, que não funcionava por ser ruidoso e dar muito trabalho a aprestar. No outro quarto, sobre a mesa-de-cabeceira, lá estava o despertador digital para manifestar as horas em letras verde-iluminado.

A aparelhagem sonora era razoável, mais que a grande bandeja árabe de bronze, com pés em forma de garra, sobre que se equilibrava. Havia também vídeo, televisor, um computador e essas coisas japonesas que há em casa das pessoas quando são professores e da classe média-média, mesmo a descair cada vez mais para o baixo.

Sobre um dos sofás, umas boas resmas de papel impresso: três ou quatro palmos de verticalidade discutível, estratificando catorze peças de teatro, duas delas históricas. Não disse tudo sobre a mobília, mas acho que ir mais longe era exagerar...

Convém saber que Jorge Matos esteve preso pela PIDE em 1973 e sofreu tratos de polé. E que em 74 deixou crescer a barba, casou com uma médica controleira e foi um animoso activista, inventor de um método absolutamente inovador de colagem de cartazes. Recorde: 4 segundos! Passou pelo jornalismo, não apreciou a experiência, foi publicitário por alguns meses, cansou-se das campanhas sobre bolachas alimentícias («Farofeiras no bolso / o melhor almoço»), concorreu ao ensino, foi colocado em Alvalade-Sado, divorciou-se, passou por Bragança, Santarém, e rematou na Escola Secundária de Gil Vicente, à Graça. Concorreu, requereu, argumentou, aproveitou, mexeu-se, interessou-se, foi a inspector escolar, encarregado de instruir inquéritos e instaurar procedimentos disciplinares. Na acção de divórcio por mútuo acordo, manteve, através de negociações especiosas, a casa da Caparica, sendo deferida à ex-mulher a de Campo de Ourique, que mais jeito lhe daria agora. Depois da ex-mulher houve algumas outras, mas sem compromisso. A última despedira-se, dias atrás, sem drama, sem emoção e sem glória: «Bom», dissera, «parece que o melhor é ir-me embora...» «Também acho!» Malas feitas: «Olha, e vai pela sombra que o sol pica!»

Permitam-me uma menção àquela pletora de peças de teatro, com a promessa de que não transcreverei mais de duas linhas de qualquer delas. A paixão de Jorge Matos pelo teatro tinha o seu quê. Não punha os pés numa sala há pelo menos quinze anos (a ex-mulher é que cultivava esse gosto), não por insensibilidade, mas por um motivo absolutamente fútil e irrisório: achava as salas muito desconfortáveis e detestava as peças em que os actores se metiam com o público e não deixavam um sujeito estar sossegado a fruir o seu serão. A repulsa tornou-se ferozmente enfática quando, certa noite, uma personagem saiu de um estrado e lhe afagou a barba, enquanto ia declamando solenidades.

A vida é assim: às vezes basta um minúsculo pormenor, uma minudência ínfima, para determinar efeitos devastadores. Devem lembrar-se, com certeza, daquela história do muro de duro quartzo que resistia a todas as tentativas de derrube até que apareceu um miúdo com um tamborzinho, deu um rufo com as baquetas e logo o muro se desmoronou. Devem, porque fui eu quem inventou essa história e estou farto de a contar. Pois foi assim. Se aquele actor não tivesse implicado com a barba de Jorge Matos, ele continuaria a ser um espectador assíduo como todos nós. E esta nota fica como motivo de reflexão para encenadores e actores dados ao improviso e às gestualidades expansionistas, os quais devem encarar com muita reserva esta tentação de incomodar quem se disponibiliza nas plateias e tem direito à paz de alma, para não dizer ao conforto. Aquela ideia da parede de vidro entre o palco e os espectadores — entendia Jorge Matos — nem era má, nem mal pensada...

Eu preferia que não considerassem que Jorge detestava o teatro. Ao contrário, lia as peças, sofria-as, decorava monólogos, sonhava com espectáculos cívicos em que comungassem o mistério, o *logos* e a *polis* e arrepelava-se de fúria sempre que um tecnocrata lãzudo, promovido ao poder, pretendia dar cabo do teatro português, com uma raiva que dizia bem, afinal, do seu talhe para o cargo. Às salas é que não ia, pelos motivos expostos, e pronto...

Aquelas peças que se iam acumulando, algumas bem volumosas, quais delas escritas alucinadamente em noite de insónia, quais delas ponderadas e acrescentadas e alteradas penosamente no decorrer dos anos, estavam ali, pertenciam àquele quarto e àquele sofá, porque Jorge nunca tinha esboçado o menor gesto de as apresentar a um encenador ou um editor. Talvez lá mais para diante... Timidez, medo do inêxito? Pode ser. Isto era como aqueles amores que se querem não consumados, porque, entretanto, sempre vão rendendo. Enquanto as peças de teatro dormitassem naquele sofá, era a renovação da dramaturgia portuguesa que estava em potência; uma vez que fossem devassadas, interpretadas, representadas e abominadas, constituiriam mais uma prova da nossa inépcia congénita para a dramaturgia. Como perseverasse neste embaraço, sem dar sequer as peças a ler a um amigo solícito, elas ali repousavam, talvez cheias de potencialidades, mas de nenhum modo vilipendiadas e assassinadas.

Jorge cantarola, em latim, que o sabe mediocremente, *O Vulnera Doloris,* prepara-se para comer o seu iogurte da tarde e para se sentar à mesa (há uma mesa de abas com uma bilha de Estremoz partida a dar-lhe colorido) e lançar o terceiro acto de uma teatrada sobre um médico bósnio que o seu próprio filho (de mãe sérvia) sequestra para tratar de um companheiro ferido, tencionando começar com «lembras-te, filho, de quando os castanheiros estavam em flor e tu vinhas correndo, de calções, gritando...». Tenso, tenso e comovente, mas eu prometi devassar pouco das peças, e tenciono manter a promessa. Para contar estes horrores da guerra, Jorge precisa de paz. Deixemo-lo tranquilo, a olhar concentrado para o seu papel A4, um iogurte encetado na mão esquerda, enquanto a direita pinça o botão *Power,* para a seguir premir o *Enter,* e o computador vai emitindo ruídos laboriosos e irritantes. Dentro em pouco, à medida que for escrevendo, Jorge começará a fazer gestos retorcidos, boquinhas e olhinhos, esgares, dando vida às personagens, como se fosse um médium espírita. A figura é um bocado ridícula e merece a mais estrita intimidade, pelo que é conveniente deixá-lo, até porque o sujeito não é antipático, nem merece que dele se colham más impressões.

Regresse-se a Joel Strosse, que se agita ali perto e, muito enervado, passeia em círculo pela sala, com as mãos atrás das costas. Eu gostava de ter escrito «mede a sala a grandes passadas», mas, francamente, receio que o leitor já tenha lido isso em qualquer lado. A quem escreve, faz sombra esta barreira constante, eriçada de farpas, daquilo que outros mais expeditos ou temporãos escreveram antes. Custa-me estar vedado o uso de «Por uma noite escura e tempestuosa...», por exemplo. Alguém se apropriou da frase e dela se fez dono, de maneira que me vejo obrigado a criar os meus próprios lugares-comuns, e Deus sabe como eles são inspirações do génio que me falta.

Mas, como nem era de noite, o Verão estava quente e sossegado e não antevejo grandes invernias neste livro, talvez possa, por ora, dispensar a «noite cerrada», ou «fria e tempestuosa», sem me sentir obrigado a arranjar-lhe equivalente, ou tentado a um plágio suicida.

Ao cirandar de Joel pela sala, reagia Cremilde:

— Olha que fazes vento!

Mas Joel não estava para conversas. Fulminara-o um apelo no caminho de Damasco e não tinha que dar satisfações a ninguém. Na semiobscuridade da sala não explodiram labaredas pirotécnicas nem ressoaram vozes divinais, mas impuseram-se, súbitas, vibrantes, imperativas, reminiscências de canções e trechos de letras mal recordadas. E foi como se (este «como» não introduz metáforas, por ora, que as reservo para mais tarde, talvez dedicando-lhes meio capítulo ou um inteiro, para conferir um toque de literariedade *petite-bourgeoise,* muito vendável, a este texto...) a sala se enchesse de pequenas multidões juvenis, vestidas de bombazina e cabedal, que, em coro, balanceando os corpos, cantassem arrebatados louvores à Revolução de Outubro, a Lenine e à Maria da Fonte.

Rejeitou, impaciente, a revista francesa, retirou da mala, onde ainda estavam encafuados, o *Anti-Dühring* e o *Tchapaev* e foi até à casa de banho.

Aquele Jorge Matos, assim entrevisto de relance, duma janela gradeada, não tinha as barbas encanecidas, nem o dorso curvado, não exibia um ridículo panamá na cabeça, nem transportava um pindérico saco de plástico, não se movia lentamente, com esforço asmático e cansado da vida, não arrastava os pés, mal calçados com sapatilhas chinesas, antes arremetia com genica, de peito feito, para um lado qualquer que, bem feitas as contas, devia ser o do horizonte, com sóis. Ao sopro dum suposto vento marítimo, esvoaçava-lhe um cachecol amarelo, ombros afora, e as duas pontas soltas, uma de cada lado, drapejavam com o rumor belicoso de estandartes. Em dada altura da congeminação, Joel Strosse era capaz de jurar que, ao passar, o outro tinha sussurrado, de esguelha, clandestinamente: «Eh, camarada!»

Recordava-se do tempo em que Jorge estivera preso, dos quinze dias em que fora espancado e impedido de dormir e do sussurro que correu pela faculdade, algumas semanas depois, quando a polícia, enfim, deixou que o visitassem: «O Jorge não falou.» Na altura não contactou a família, por timidez, não teve qualquer gesto de solidariedade, não enviou cigarros, não mandou lembranças, nem sequer comentou o assunto em voz alta, porque nunca se sabia quem poderia estar a ouvir e havia prudentemente que desconfiar de quem trazia as notícias. Mas, se Jorge foi erigido ao panteão dos heróis, na ideia de muitos outros, na de Joel Strosse também. Se o culto da personalidade fosse então admissível, e politicamente correcto, não lhe escaparia um busto de barro, com legenda, em lugar destacado da casa.

Soltas e breves, como *flashes* (palavra que eu, por incompetência, não consigo verter em português, parecendo-me *relance* demasiado fraco...), acudiam-lhe situações, actos, retalhos de conversas.

Uma situação: Após as inundações desastrosas de 1967, Joel, de galochas calçadas, chapinhava nos lamaçais, por entre carcaças inchadas de animais mortos, detritos sórdidos e destroços de casas. Não suspeitou de uma vala entre as lamas. Caiu, atolou-se. Uma mão solícita e firme: «Força, camarada!» Era Jorge.

Um acto: A polícia na alameda da universidade. Caras patibulares, capacetes de ferro negro com uma estrelinha prateada, *Mausers* na mão. Os estudantes agrupados, a protestar. No tecto da Faculdade de Direito alguém cravou uma bandeira vermelha e logo desapareceu. Joel reconhecera-o e nada dissera a ninguém; o alpinista revolucionário era Jorge.

Um retalho de conversa: Joel a olhar para as pautas das frequências, desanimadoras, cobertas de números de fatídico vermelho, e a ouvir um sussurro: «Então, amanhã, às seis da madrugada, em frente dos Jerónimos, hem? A senha é: "Vem frio do lado do rio", e tu respondes: "Só me rio ao desafio..."» Afastou-se uma moça esguia de rabo-de-cavalo, sobraçando papéis, e um colega surdiu do outro lado do painel, cofiando a barba, como a disfarçar: era Jorge!

Procurou então aproximar-se de Jorge. Espreitava um lugar vago a seu lado, na cantina, fazia-se encontrado nos corredores e dirigia-lhe inoportunas perguntas sobre a matéria das aulas, em que Jorge não se mostrava muito perito. Chegou a disputar uma partida de xadrez com ele, no bar da faculdade, e foi miseravelmente derrotado antes do décimo lance... Esperava que Jorge, então, lhe comunicasse algo da sua firmeza, determinação e dedicação a causas justas. Jorge conversava sobre uns álbuns recém-aparecidos, *Astérix, o Gaulês,* pronunciava-se sobre as intervenções de Alexandre Pinheiro Torres nos colóquios do Técnico, citava, às vezes, a propósito, um poema de Alexandre O'Neill (Portugal, se fosses só três sílabas / de plástico / que era mais barato...), ou de Éluard *(J'écris ton nom...)*, mas, sobre revoluções propriamente ditas, nada. Um dia, distraidamente, recomendou-lhe o *Tchapaev* e apresentou-o na livraria do Brito ao Campo Grande. Joel sentiu-se desvanecido e grato: era uma prova de confiança, um passo iniciático. Cirandou numa grande cave, obscura, misteriosa, entre prateleiras de livros proibidos, tesouros, preciosidades. Além de *Tchapaev,* comprou o *Anti-Dühring, O Ser e a Consciência,* o manual de Politzer, *O Socialismo Vai Bem...* e gastou meia mesada.

Com a prisão de Jorge, o contacto perdeu-se, passaram e revolveram-se os tempos, os ventos vieram e foram, sempre nos seus eternos circuitos, sibilantes, gelados e assustadores, de que fala o *Eclesiastes.* A revolução também veio e também foi. Joel nunca mais ouvira falar do Jorge, até que o surpreendeu, em pessoa, a dois metros de si, passando à frente da sua janela.

Ao fim da tarde, ainda se deu a um grande passeio. Meteu o nariz em tudo quanto era pastelaria, cervejaria e café, leu o jornal da tarde no Ninho e aí decifrou as palavras-cruzadas, na esperança de que Jorge passasse por lá. Nada! Jorge por essa altura sofria, concentrado sobre uma personagem que se interpunha entre dois grupos de guerrilheiros, bradando: «Parem, que razão têm para me matar a mim?», apontando, depois, o dedo acusador à esquerda e à direita-altas: «Que razão têm para se matar assim?» As palavras pareceram-lhe redundantes. Parou, espreguiçou-se, olhou, pensativo, pela janela, para a mata da Caparica.

Encoberto pelo arvoredo, Joel achou que começava a cair humidade e veio andando, sem pressas. Cremilde que, à mesa, redigia mais uma carta ao director-geral dos Serviços Prisionais, tinha o televisor ligado: um sujeito, de feições quadrangulares, fronte calva, lábios finos, cabelos posteriores a descair, numa ondulação tratada, sobre o colarinho do *blazer* azul, insistia, com uma voz suave, um relampejo súbito e despropositado de olhos, e um sorriso faiscante: «Não, não diga a minha televisão. Reportando-me ao Sr. Bordenave, aquele do Zola, eu prefiro ouvir "o meu bordel". Por favor, diga antes "o meu bordel!".» «Se o senhor doutor prefere...» «É que — deixemo-nos de fundamentalismos! — há que reconhecer que a prostituição também tem os seus lados positivos e não são poucos...»

— Por onde é que andaste?

— O que é o jantar?

Foi só à noite, altura das grandes revelações, que Joel acordou Cremilde, aliás muito contrariada, para lhe dizer:

— Sabes? Vou aderir ao PCP.

— Então, quando fores, não te esqueças de tirar a gravata.

Cremilde soergueu-se, afeiçoou a almofada, virou-se para o outro lado e regressou ao país dos sonhos.

Neste comenos, o que era feito de Eduarda Galvão, a jovem lá de trás, de páginas tantas? Não tinha ficado sentada naquele café da Praça de Londres, a fumar, que não era mulher para pasmos. Elaborara alguns planos de vida, umas estratégias, umas tácticas, e estava disposta a cumpri-las milimetricamente. Decidira que, para já, talvez lhe conviesse ser jornalista, porque estava farta da *boutique* do Centro Comercial Fonte Nova que, sendo embora menos fatigante que a caixa do supermercado, não dava prestígio nenhum, e aquela agência para figurantes da televisão nunca mais a tinha chamado. Também, o retrato fora tirado num fotógrafo da Calçada da Picheleira, do mau lado da face, e não a favorecia bastante.

Ei-la portanto a telefonar para variadas revistas e a conseguir chegar à fala com dois directores, dos quais um lhe disse logo «Ó menina, deixe-se disso!», e outro sussurrou «Veremos, mande a fotografia». Não mandou a fotografia, e foi o que fez de melhor. Apareceu com o vestido da Ana Salazar, desta vez tingido de vermelho, e esperou horas numa sala, sem que o director da *Modelar* (hábil contracção de *Moda + Ode + Lar)* a recebesse. Voltou no dia seguinte, idem. Ao terceiro dia, após muito aguardar, percebeu, pelos movimentos e olhares da recepcionista, que aquele sujeito calvo que se esgueirava era a sua vítima e prantou-se-lhe na frente, com decisão e descaro: «Olá, eu sou a Eduarda, Eduarda Galvão, lembra-se?» Ele não se lembrava mas, por quaisquer artes da Providência, em que o autor não meteu nem prego nem estopa, daí a uns dias apareceram uns fulanos de fato-macaco, carregando uma secretária, vieram outros com um computador, e Eduarda Galvão sentava-se, sisuda mas afoita, a dar ao teclado.

Como é que ela sabia o *qwertyuop?* Não sabia ainda, ia aprendendo, como complemento de um curso que alguém lhe estava a pagar. O director havia resolvido, num daqueles arroubos que dão aos directores quando são cinquentões e hão-de tratar com raparigas de ar de donzela, que, de facto, lhe convinha uma estagiária e que, quanto menos integrada no meio e menos manuseadora de materiais, «menos vícios tinha». Esta observação, proclamada com voz solene, a uma jornalista veterana, que andava sempre de cigarro ao canto da boca, provocou uns cochichos sobre «vícios» e «manuseios» na exígua redacção da *Modelar* e no café da esquina, mas eu, francamente, não descortino o que é que as outras insinuavam.

O primeiro artigo de Eduarda (4200 caracteres) glosou o naufrágio do *Titanic,* sob proposta sua, depois de ter visto uma peça num telejornal em que se chamava «Taitânique» ao navio. Aqui não escapou à regra. Sempre que entram estagiários numa publicação surgem artigos sobre o *Titanic.* É apaixonante, apelativo, dramático, há sobreviventes, implicações religiosas e, sobretudo, imenso material publicado de que se pode plagiar à vontade, porque outras levas de estagiários, em anos anteriores, escolheram o mesmo assunto, apostando na surpresa da revelação que, sendo própria e particular, julgaram poder generalizar desprendidamente ao universo dos leitores.

Acontece que a jornalista da pirisca eterna ao canto da boca (insinuavam que já tinha nascido assim...) não apreciou o artigo por causa de umas complicações de ortografia, do cabimento dele em revista feminina — isto de naufrágios não era assunto prioritário para mulheres... —, e sobretudo porque embirrou com um começo destarte redigido: «Em primeiro lugar temos que considerar que...» Achou que era redundante, burocrático, primário e, ainda por cima, fazia eco, e vá de cortar, de acrescento com umas palavras desabridas, resmoneadas alto de mais para resmoneio. O primeiro tentame de Eduarda Galvão foi logo dar em guerreia e firmar uma inimizade. Ela achava que o artigo estava bem assim e levou a mal que lhe desfeiteassem a prosa. O director teve de arbitrar uma discussão muito farfalhuda, com gritos e derivações para matérias que nada tinham a ver com o ponto: «Sou jornalista há trinta anos, já passei pela *Crónica Feminina* e pela *Maria* e sei muito bem o que estou a fazer»; «Isto, pá, é um conflito de gerações, pá, lá por eu ser nova, pá, não quer dizer que», etc. O director deu razão à juventude, mas manteve os cortes e as correcções. Impôs apenas que o artigo fosse titulado «As Mulheres e o *Titanic*», ou «O *Titanic* e as Mulheres». Salomónico e, portanto, sábio. Afinal, ele não percebia nada daquilo — vinha do negócio das frutas —, mas competia-lhe fingir. Sendo caso disso, o dono da revista resolveria em instância final.

O proprietário da revista, *self made man* que começara a carreira como apanhador de minhocas na Cruz Quebrada e que eu não ouso nomear por ter mau génio, superintendia numa cadeia de publicações beneméritas *(As Delícias de Satã, O Construtor Civil, Horoscopias, Poupar e Ganhar, e Gatinhas em Brasa)* e até não desgostou do artigo sobre o *Titanic* e as mulheres. «Esta rapariga faz-se», comentou e considerou que *Titanic* até era bom nome para uma revista sobre musculação. Eduarda soube do apreço. Daí por diante, ao chegar à redacção, começava por escancarar as janelas e declarar, com aspereza: «Que fumarada. Não se pode trabalhar aqui.» E era toda risinhos e cumplicidades, com oferta de prendinhas e confissões amorosas, para com a colega que redigia os horóscopos e o correio sentimental. A outra estava apaixonada pelo fotógrafo, e Eduarda soube ouvir-lhe as confidências e secar-lhe as lágrimas. O homem, casado, sobreocupado, com uma ranchada de filhos e presidindo a uma associação de numismática, não tinha grande disposição para namoros. Eduarda soube inventar diariamente uns sinais, umas reminiscências, umas interpretações, que davam esperanças à outra e selavam a cumplicidade. Isolada, a jornalista mais velha tinha ataques de choro, refugiava-se na casa de banho e vinha de lá com o cigarro ensopado em lágrimas.

Como seria interessante aprofundar este pequeno microcosmo naquele andar do Forno do Tijolo, dividido por tabiques de pasta de madeira, onde incessantemente ronronava um fax, quando os telefones o deixavam ouvir, e as letras corriam céleres nas pantalhas dos monitores... Seria um tratado de vida. Porém, não é para isso que eu aqui estou. Interessa-me tão-só Eduarda Galvão que, em apenas dois meses, conseguiu quatro vitórias importantes para o ego: o seu nome veio citado no *Expresso*, numa pequena local intitulada «Como é isto possível, meu Deus?!»; a jornalista fumadora teve uma depressão e meteu baixa prolongada para uma cura de sono; seduziu o fotógrafo numismata, deixando que a pretendente o soubesse («Compreendes, não é? Continuamos amigas? Somos adultas, hem?»), mas escondendo o facto ao director; martirizou uma jovem estagiária, licenciada em Química, que entrou, entretanto, com recibo verde, para substituir a outra e a quem começou por rosnar, à laia de recepção: «Química, hem? Ah, estas vocações falhadas...»

61

Além disso é preciso dizer que, em três tempos, os artigos de Eduarda Galvão (que passou a fazer um novo correio sentimental, *O Cordão das Emoções,* e a assinar uma rubrica, *Vá descobrindo o seu corpo)* ganharam o apuro e a escorreiteza das prosas da revista *Maria,* que são guia e farol da imprensa deste género, com tendência para alastrar a outros. Como foi possível este milagre? Sei pouco de milagres, mas acho que ela, sobre ter jeito para aquilo, foi distinguida por uma insondável intervenção divina que iliba o Autor e lhe facilita a vida.

Entretanto, aprendeu a proclamar, firmemente, «Não, não, eu quando me meto num assunto tenho de levá-lo até ao fim», e a pronunciar a palavra *blasé* com generosidade, aplicando-a a um universo de realidades largamente excedentário do campo semântico competente. Considerou *blasés* o fotógrafo, o proprietário, o rapazito vestido de encarnado que ia levar *pizzas* à hora de almoço e o cachorro duma vizinha que se equilibrava nas patas de trás.

Começou, então, a achar o director desinteressante e fracalhote de ânimo, reparou que o fotógrafo falava «axim», deixou de lhe dar gozo achincalhar a pobre da novata, cada vez mais tímida e olheirenta, e um dia compenetrou-se de que aquela salita acanhada, aquela revista e aquela chefia não eram bem para ela. Uma leitora, correspondente assídua do *Cordão das Emoções,* enviou um livrito de sonetos para a revista («Olhando--te, meu amor, um ocaso se anuncia», e por aí afora com rima em *ia),* Eduarda redigiu uma nota, foi severa, sustentou que isso dos sonetos estava «ultrapassado», a rima fora de uso, e recomendou à leitora que lesse Alberto Helder e outros poetas «modernos». A diligente senhora ainda deve andar, ansiosa, pelos alfarrabistas à procura do tal Alberto Helder, porque Eduarda interpretou mal um nome que ouviu na televisão, num daqueles programas para intelectuais, às quatro da madrugada...

Certo é que, a partir desse momento, começou a receber em seu nome cada vez mais livros de poemas, *plaquettes* e mesmo algumas prosas de lombada. E foi pensando: «Isto o que me dava jeito era dedicar-me mais à cultura...» Passou a mostrar-se indisponível para o fotógrafo e nem um «bom dia» deixava para a outra estagiária.

Onde é que Eduarda tinha aprendido estas coisas todas? *Blasé, interface, intertextualidade, frontispício, new age, paralaxe, pórtico,* e mais um ror de palavras finas? Numa vasta universidade que só funciona à noite e que tem plúrimos departamentos nos bares do Bairro Alto e na Avenida 24 de Julho. Quem a levou lá? Foi o fotógrafo, que arranjou artes, em casa, de convencer a mulher de que a numismática exigia cada vez mais reuniões e que a revista não o largava com trabalhos nocturnos. O costume. Não consegui inventar melhor. Estes comportamentos humanos, afinal, são tão tipificados... Se calhar, à mulher do fotógrafo, até convieram as pausas de relaxe. Exalemos um suspiro de compunção...

Quer parecer-me que o leitor, neste ponto, ávido de conhecimentos sobre o futuro de Joel Strosse manifesta alguma impaciência, que lha vejo na cara. A que vem, irrita-se, esta Eduarda Galvão? Peço-lhe serenidade e que não despegue do texto. A literatura é coisa muito séria, onde não entra o *zapping*. Eduarda tem um destino a cumprir e eu arranjarei maneira de a integrar na história, nem que tenha de fazer sair um deus duma máquina. Por agora, traço-a assim em pinceladas rápidas, de zarcão, despachadamente, não me atardo nos pormenores, prescindo das espessuras, não me distraio com as cores e as luzes e vou muito direito à finalidade. Mas lá que Eduarda faz falta, faz. Depois verão.

Íamos na frequência daqueles bares com nomes imaginativos e delinquentes ombrudos e arbitrários à porta, a servir de carontes, onde se aprende bastante, debaixo dos decibéis de sons ritmados alto. Eduarda gostava muito. Havia cores, *lasers,* reflexos e gente altamente interessante, do ponto de vista dela. O fotógrafo tinha dedo para escolher os bares. Cláudio, filho de Strosse, o seu sexto namoro da fase juvenil, passava o tempo todo a conferenciar com tipos que apareciam em *Alfa Romeos* e a cochichar numas esquinas sombrias, com outros, que partiam de lambreta, deixando-a à parte. Quando trabalhava no centro comercial, as companhias de ocasião só a levavam a estaminés de gente suburbana, onde estouravam sempre cenas de pancadaria pelas quatro da manhã e o ruído e as luzes das ambulâncias acabavam por fazer contraponto, do lado de fora, à barulheira de dentro. Agora, no Europaaa!, no Trix e no Super-clop, o fotógrafo ia-lhe indicando, sempre com a prevenção «não olhes agora», gente importante, gente de estatuto e de sucesso... Por exemplo, o Dr. Vaz Alves, um dos administradores da Fundação Helmut Tchang Gomes, já nosso conhecido, não faltava, aos sábados, encostado euforicamente ao balcão, exibindo o seu relógio da moda, promíscuo com a pulseira das bolinhas.

Mas, neste momento, o Dr. Vaz interessava mediocremente a Eduarda. Ela contemplava, com laivos de embevecimento, um outro rapaz, muito beiçudo, orelhudo, vermelhusco e de sorriso gordo, jeito inflado e malandreco, cabelo aparadinho dos lados, óculos redondos no olho azul, anafadote de figura e dado a secreções, a ponto de os repassos de suor na camisa cor--de-rosa se evidenciarem, muito derramados. E para quem visse — que era todo o mundo menos o fotógrafo — o olhar de Eduarda, fixando-se repentino, com um arreganho firme de face e relampejos prometedores, num grande desaforo, era toda a exemplificação duma técnica dita «de atracão», que ela, em boa verdade, não tinha aprendido, mas que lhe era natural.

De início, assim desprevenidamente, o rapaz parecera-lhe um tudo-nada repugnante, mas logo se transformou num príncipe encantado, emergente de sapo, quando o fotógrafo, à puridade, lhe contou que o outro era o indigitado editor do departamento de Sociedade & Cultura duma nova publicação, a *Reflex,* que já ia quase no número zero. A transformação de Eduarda foi tão rápida que eu suspeito de que andou por ali uma fada, que fez trabalhar a varinha competente nesse preciso momento, operando a metamorfose de Eduarda após ter operado a do batráquio. Não sei se o alvejado reparou na maravilha, mas Eduarda, que não tinha saúde para desistências, cogitou: «'Tás aqui, 'tás no papo!»

Sem nada dizer ao seu director, nem ao fotógrafo, esperou pelo dia útil, arranjou pretextos de saída e montou uma espera ao moço à porta da *Reflex* (uma placa de metal: *Reflex, o mundo num relance).* Mal ele descia, desprevenido e prandial, entrou logo a matar: «Ainda bem que o encontro, porque era precisamente consigo ("com você") que eu queria falar.» O outro ziguezagueou, coçou-se, sorriu e dessorriu, pôs uma mão atrás das costas, compenetrou-se e deixou que Eduarda lhe fosse contando os seus projectos. Não tardava nada e estava capturado. Nem achou estranho que Eduarda entrasse com ele no restaurante, abancasse à mesma mesa e mandasse vir *Filet mignon aux petits poireaux,* mas que fosse bem passado, tivesse a pimenta em grão, poucos espargos e batata estaladiça. Eduarda já tinha aprendido a técnica sedutória de ser complicativa nos restaurantes, sobretudo a despropósito, tratando com altanaria o pessoal hoteleiro e deixando o acompanhante preocupado, culpado e inquieto. Em cima da mesa, logo uma cascata de fotocópias dos trabalhos que Eduarda havia propiciado à revista *Modelar.* Queixas, grandes espantos, olhares contemplativos de queixo fixado no cavo da mão, foram os derivativos de Eduarda enquanto o outro perorava e expendia, aparentemente, as frases mais inteligentes do mundo, até que se abrisse oportunidade para afinfar com a história do ceitil.

A ocasião não tardou. A história do ceitil! Escolhera essa como podia ter escolhido a do morabitino, ou a do dobrão de ouro. Eduarda era capacíssima já de reproduzir considerações sobre numismática. Quem na ouvisse e se abstivesse de perguntas, julgá-la-ia uma perita. Se o fotógrafo fosse especialista em sigilografia, Eduarda saberia pontificar sobre selos, se fosse taradinho dos *rallies,* saberia tagarelar sobre automóveis, turbos, ABS e essas coisas, se fosse cantor coral, teria profundidades a revelar sobre a polifonia e o cantochão.

Eu não queria entrar muito em pormenores psicológicos, porque tenho pressa e prometi não aprofundar em excesso esta figura, mas talvez não seja despiciendo sublinhar aquilo que já está percebido: Eduarda possuía o dom de absorver toda a informação, por ínfima que fosse, guardá-la e evocá-la no a-propósito exacto. Era uma espécie de genialidade que ainda não está classificada porque ninguém se deu ao trabalho de versar sobre as genialidades secundárias. É matéria em branco, à espera de psicólogos imaginativos, ambiciosos e aptos à divulgação.

Na altura do pagamento da conta, contemplando melancolicamente uma moeda de cem escudos, rodada entre os dedos distraídos, queixava-se: «Ah, estas moedas de agora, tão inexpressivas, tão burguesas (atenção: "burguesas", estão a ver?), nada que se compare com as antigas, com o ceitil, por exemplo...» «O ceitil?», perguntava logo o outro, entre o curioso e o desconfiado, quer da conta, quer da conversa. E Eduarda explicava que o ceitil era uma moeda muito bonita: numa das faces, as muralhas de Ceuta; na outra, as quinas de Portugal. E ou eram quinas verticais ou duas delas estavam viradas para dentro, o que servia, conforme, para lhes determinar o reinado da cunhagem.

É certo que Eduarda não tinha ideias muito acertadas sobre onde ficava Ceuta, nem sabia o que era uma quina. Mas estas discorrências, acrescentadas a um «em Paris come-se bem melhor», já antes insinuado entre duas sofredoras garfadas, aumentaram-lhe o prestígio junto da vítima, que acedeu a ler os seus trabalhos e dar-lhe notícias depois.

As fórmulas «eu leio e falo depois» ou «deixe que eu telefono» devem, de acordo com os costumes, ser interpretadas como: «Ora vá lá à sua vida, eu vou à minha, e temos encontro marcado para dia de S. Nunca à tarde.» Seria a ordem natural das coisas e o cesto dos papéis, o destino próprio das fotocópias de Eduarda.

Mas o editor, no regresso, estava bem-disposto, o gabinete aquietado, o telefone em sossego, um remanso, nem uma mosca... Passou uma vista de olhos pelos artigos, sorriu e raciocinou: «Tudo isto é idiota, mas a rapariga tem pinta...» Daí a nada a secretária dele estava a convidar Eduarda para comparecer na revista *Reflex,* em podendo. Podia logo a seguir e, num rufo, lá estava plantada em frente do editor, não com viso afogueado ou ansioso, mas sereno e explicativo.

— Como tinha de vir à Baixa, aproveitei e passei aqui pela Duque de Loulé...

— Sabe francês? — perguntou o outro.

— Claro! — respondeu Eduarda, franzindo o sobrolho da ofensa.

E o editor, muito teatral, atirou-lhe para a frente um artigo da *Paris-Match,* que ela percorreu com solenidade, sem perceber nada, exceptuando os bonecos. Nada é exagero. Numa legenda o vocábulo «*scaphandreur*» foi competentemente trasladado, no cérebro de Eduarda, para «escafandrista», ou «escafundista», ou «escrafandista», caso para ver, mas sempre vagamente chegado ao português, língua que perdeu — com lástima de muitos e minha também — aquele delicioso *ph.* Roubaram--nos o phósphoro, a pharmácia, o diáphano, o aphorismo... Bem assim, o *y* e o *th.* Bonito que jazia um myrtho, dolente, ao pé de restos de colunas, em florestas sombrias, cheias de húmus e cogumelos, por onde esvoaçavam divindades, nada aparelhado com o mirto que se vende nas praças, sob gritarias, ao lado de rabanetes e raminhos de salsa...

E, já agora, que sabiamente me afastei do assunto, é de aproveitar para debitar uns esclarecimentos sobre esta revista

Reflex. Ela foi lançada — em cerimónia lustrosa e frequenta-díssima — no Palácio de Queluz, local que desaconselho por-que fica caro, e a coisa meteu charameleiros a preceito, com gibões medievais alugados no Anahory, que também não foram baratos. Às tantas, fez-se um relativo silêncio para o dis-curso de um canadiano que, teimoso de se exprimir em portu-guês, trocou os géneros todos («nós querer um revisto de sucessa...») e deixou profusamente entender que se dava mal com os espumantes nacionais, ou excessivamente bem, con-soante o ponto de vista. Seguiu-se, numa espécie de púlpito forrado de veludo, um sujeito de barba frondosa, indigitado director, que anunciou «uma pedrada no charco da informa-ção em Portugal», que mais para o fim da fala se transformou «numa patada no formigueiro da imprensa portuguesa». Ros-naram-lhe logo as demais publicações, algumas desceram mesmo a trocadilhos com o seu nome, que era Ilharco, e outras flautearam à volta de charcos, formigas, patadas e pedradas, com variações gaiteiras sobre formigas no charco, patadas na informação, pedradas no formigueiro, charcadas do Ilharco... Mas foi o que os da *Reflex* quiseram. Rejubilaram por já esta-rem a dar que falar. Afixaram recortes no *placard* da redacção e riram ainda mais que os outros.

O capital canadiano, gelado e impessoal, só tinha, natural-mente, um escopo: sucesso, vendas e proveitos. O contributo português, fornecedor da massa cinzenta, aderiu ao escopo. E resolveram utilizar uma fórmula expedita, impregnada de eclectismo, na composição da redacção: de um lado, uns vete-ranos empedernidos de andanças em jornais e em protestos cívicos, algo sabedores do prontuário ortográfico; do outro, uma caterva de moços, a que eles chamavam «a pardalada», mais virados para as facilidades da vida moderna e da ortografia minimalista. Foi uma simbiose hábil. Ao lado do sisudo artigo de fundo, versando a premência da ética na vida política, aparecia a local brejeira muito «social» com especificações amaricadas e perfidiazinhas do género: «Ai, a Necas ia tão composta no baile dos Vanzeleres... Mas aquele cheiro a *aftershave* era de origem ou pegado?»

Mal tinha saído o número zero, no estrito circuito que compete aos números zero, já a revista era célebre e Eduarda não queria agora outra coisa senão pertencer àquela redacção a tantos títulos aristocrática. Até da decoração gostava, do tom dos tabiques de contraplacado, da napa dos sofás, do relógio redondo com barómetro e de uns móveis austeros, pesadotes, de boas madeiras, adquiridos aos agentes transitórios que antes ocupavam o andar, na Duque de Loulé... De maneira que percorreu a *Paris-Match* com ar apreciador, mais demoradamente do que os seus conhecimentos exigiam, e devolveu-a, perguntando: «Para quando?» Ao que o outro rosnou a resposta inevitável: «Para ontem.» Estavam entendidos. Só houve que regular escassos pormenores sobre o sítio em que o escafandrista se alojava, telefone provável, formas de contacto, companhia patrocinadora, etc.

O escafandrista era um parisiense aventureiro (podia ler-se na *Paris-Match)* que, após ser despedido da Renault, tinha iniciado uma carreira de traquinices a tentar atravessar os céus de Paris, de uma ponta à outra, impelido por um tiro de catapulta gigante. As autoridades proibiram-no. A trajectória prevista colidia com a Torre Eiffel e arriscava danificar o monumento.

Depois, atirou-se para a jaula dos leões no Zoo de Vincennes. Saiu muito malferido e com um dedo a menos, mas os jornais interessaram-se por ele. O projecto seguinte foi atravessar o Sena a pé, de escafandro, pelo leito do rio. Dessa vez, as televisões privadas emitiram em directo, e ele, ainda molhado de águas suspeitas e de matérias viscosas, anunciou que ia atravessar assim mesmo, fundeando-os a pé firme, todos os rios das principais cidades da Europa.

O francês, que merece aqui registo do nome — Bertrand l'Église —, elaborou um raciocínio que pecava pela elementaridade. Sendo a França um país grande, o Sena era um grande rio. Sendo Portugal um país pequeno, o Tejo havia de ser-lhe proporcionado. A ideia era começar no Tejo e acabar no Moskva, esse, sim, um caudal tremendo, consideradas as vastidões russas. Entretanto, faria publicar um álbum com o título *Sobolos Rios...*, assim mesmo, em português antigo, que dava mais mistério.

Acontece que a geografia nem sempre é vassala da lógica, e Bertrand ficou muito surpreendido quando chegou ao cais da Ribeira. Sentiu-se traído. Apresentavam-se-lhe cinco ou seis quilómetros de águas grossas, tantos, que até podiam deixar de ser quilómetros para se transformar em milhas. Mas podia lá agora desistir, com fotógrafos e operadores de câmara sempre em volta... Optou por se instalar numa caravana, ao lado da Torre de Belém, local muito atraente para os visitantes de Lisboa, e começou a fazer exercícios de preparação, algo enérgicos e espectaculares. Soube que mergulhar no Tejo requeria autorizações rebarbativas de várias entidades, mas nada promoveu. Quando, no dia anunciado, de escafandro vestido, apoiado por

71

um barquito com uma bomba, saudava uma multidão de basbaques e se preparava para pôr na água os grossos sapatorros com sola de chumbo, apareceu a polícia e impediu-o, com rudeza, amolgando-lhe o escafandro. Bertrand levantou um pé-de-vento, queixou-se da falta de democracia, ameaçou com o tribunal europeu e fez trinta por uma linha, tudo muito dramático e gesticulador, nos termos que o escafandro consentia. No íntimo, sentiu-se aliviado e gargalhante. Ainda bem que a burocracia e a repressão, desta vez, haviam funcionado. Mas, para continuar a aparecer proveitosamente nos telejornais, decidiu sentar-se ao lado da Torre, naquela muralha que bordeja o rio, e dar início a uma magoada greve de fome. Declarava-se sinceramente sentido com as incompreensões da autoridade...

Era neste estado que Eduarda deveria encontrá-lo para mais uma entrevista, e foi com firme disposição e pisada rija que ela abandonou a redacção da *Reflex*. O vinho estava tirado, havia que bebê-lo, se bem que de francês ela apenas soubesse dizer *père, mère, mon pote* e *allons enfants de la Patrie*... O seu último professor de Francês, no oitavo ano, fora um fulano alto, melancólico, de barbas, que olhava tristemente para a turma e, de vez em quando, suspirava: «*Oh, quel bordel!*», expressão que os alunos julgavam consagrada a alguma misteriosa personagem que se chamasse Kelbordel. Puseram-lhe a alcunha e o homem não se ralou. O Kelbordel deixava andar, estoicamente, e dava notas devastadoras no fim dos períodos.

É coisa que se faça, isto de telefonar a um antigo professor, por não ter mais ninguém à mão, depois de muito considerar, já em desespero de causa, após ter corrido um ror de amigos e

amigas, todos réus confessos de crassas lacunas idiomáticas?
Acho que não. Pessoalmente, nunca teria nem a lembrança
nem o atrevimento. Mas esta Eduarda Galvão era um bocadinho diferente de mim.

— O Dr. Jorge Carreira Matos está?

— Esse senhor já não mora aqui...

Teve artes de conseguir que não desligassem, do niquento
lado de lá, muito mordaz, feminil e desprezivo, e lhe dessem o
endereço e o telefone actuais do professor, na Costa da Caparica.

E assim se estabeleceu o contacto entre Eduarda Galvão e
Jorge Carreira Matos, aprestando-se uma ligação nesta história, que já nela tardava.

Que hoje não, não dava! Aparecesse amanhã. Pois (suspiro!),
de manhã.

Jorge Matos a desligar e a ficar arrependido. A moça pensava
que ele estava ao dispor, ou quê? E logo na manhã seguinte,
quando ele pensava inserir na peça sobre a Croácia um atribu-
lado monólogo de doze minutos, muito estruturado, procla-
mando a renúncia aos canhões... Que maçada! Paciência...
Aquela mania de nunca dizer que não, embora adiando sempre... E só não exclamou «o vinho está tirado, há que bebê-lo»
porque eu já gastei a expressão umas linhas acima.

Era pelo princípio da tarde e Jorge preparava-se para sair e
comprar a papinha *Cerelac* para o almoço. Depois de oito dias a
Cerelac, já estava a considerar uns pacotes de farinha *Fubá,* de
mandioca, para a semana seguinte. Com pêssegos em calda, era
capaz de ser comestível. Mas ainda existiria aquela farinha *Fubá*
(«o melhor que há!») que a mãe o obrigava a comer em miúdo?

Mal sabia ele que, na tarde anterior e por toda essa manhã, desde cedo, Joel Strosse andara ansiosamente à sua procura, farejando em cada trilho, e menos sabia que o iria encontrar agora à porta do supermercado, num enlevo, a travar-lhe o caminho, de braços em cruz.

— Jorge Matos, enfim!

E eram risos e expansões e só faltaram os abraços, porque Jorge Matos lhe deu para desencorajar, contraindo-se, num trejeito de ombros suspeitoso, não fosse estar a cair num conto--do-vigário ou arteirice ainda maior...

— Jorge, mas não te lembras de mim? Vê bem, pá!

Emurcheciam as feições de Joel Strosse e dava pena ver aquele sorriso a ficar lasso, lasso, trémulo e abandonado. Jorge começou rapidamente a folhear o seu livro de recordações, a uma velocidade vertiginosa. Tropa? Não era, o livro prosseguia a desvendação, num redemoinho de páginas, até encalhar de novo: cadeia? Não era. Conselho directivo? A casa de Zulmira? O liceu? O bairro? A faculdade?

— Sou o Joel, pá!

Vá de desfiar-se a secção dos Joéis, e Jorge a não saber se conseguia manter aquele sorrisito meio contrafeito que já esboçara, ainda indeciso entre o voltar atrás, à seriedade da compostura, e estourar numa risada companheira. Não havia meio. Voltou à tropa. Mafra, Terceira Companhia, Primeiro Pelotão!

— A Universidade, pá, as associações de estudantes, pá! Estou mudado mas não tanto... Strosse, pá, Joel Strosse!

E, como naquelas séries de reclames em que as maravilhas da tecnologia conseguem justapor uma imagem a outra, assim o cinquentão descaído e barrigudo, de cabelo raro, apimentado e queixada roliça se foi adaptando a uma imagem surgida lá do imo dos tempos que, a bem dizer, não diferia excepcionalmente desta. Nos filmes publicitários a técnica não teria muito que trabalhar. Bastavam uns retoques para reconstituir o Joel Strosse, pacato, estudioso, falhado, hesitante, muito abelhudo e perguntador.

Queria Jorge que os cumprimentos fossem breves e medianamente expansivos — já a saudar, já a rir, já a separar —, mas Joel Strosse tinha outra ideia mais confraternizadora.

— Vamos ali ao Ninho tomar qualquer coisa, pá? Que tal? — Jorge a deixar-se levar, e Joel, logo, a querer saber: — Já leste aquele artigo na *Ça ira!* sobre «a desconstrução», e não sei quê? — Jorge não tinha lido.

Entre Santo António e o Ninho, atravessado um pontão sobre a vala malcheirosa, penetrados os bosques de pinheiros raquíticos, uma espécie de *bonsai* gigantes, impróprios para vão de janela, discutíveis para floresta, e cortado caminho ao pé dum minigolfe ligeiramente vandalizado, a conversa não teve história. Foi de pouca substância, reconhecimentos, remembranças: Que é feito de...? Lembras-te de...? E o fulano?... E a beltrana?... E daquela vez em que...? Enfim, coisas lá deles, muito antigas, complicadas de explicar agora e não especialmente interessantes.

E, posto isto, restabelecido o fio, ambos sentados cada qual com a sua bica na frente, faziam-se companhia. Joel, depois de hesitar e comentar a má qualidade dos queques, atreveu-se, a medo:

— E... o Partido? (pezinhos de lã)

— O Partido, quê? (desconfiança)

— Ainda estás no...? (gesto)

— Sim, estou. (desprendimento)

— Ah... (aprovação reconfortada)

— Eu cá, bem vês... (generosidade)

— Pois... Claro. (solidariedade)

«Que é que aquele tipo lhe queria?», resmungava Jorge por dentro, enquanto revolvia o café a poder de colher circulante, de plástico quebradiço. «Não devia ter entrado assim tão directamente, sou sempre inábil», arrepelava-se Joel e fazia uma festinha a um cachorro deambulador, e pouco agradecido, porque lhe rosnava. Resolveu dar outra volta ao assunto e expendeu um louvor genérico em voz alta, com ar sonhador e olhos postos nas copas dos pinheiros, que naquele espaço são mais altos e resinosos:

— Malta firme! Porreiríssima!

— Hum, hum — fez Jorge. E levou aos lábios a bica que ia ficando fria.

— E a situação política, que é que te parece? A direita cada vez mais agressiva, hem?

A direita, de facto, andava agressiva, como sempre, pelo menos desde o caso Dreyfus, considerou Jorge com uma ponta de ironia. Não lhe apetecia nada discutir política hoje. Não conhecia, nem queria conhecer a revista *Ça ira!*. Tinha as preocupações tomadas por uma Bósnia fantasiada de teatro, por um mundo de pequenas irritações, pelo abandono da última mulher, pela substituição da papinha *Cerelac* por outra que fosse igualmente alimentícia, enjoasse menos e desse o mesmo trabalho a preparar. E vinha-lhe agora este com a situação política.

— E o Partido, que é que acha? — Era ele a teimar...

— O Partido acha mal, claro — respondeu Jorge, cavo e definitivo.

Gaita! Que chumbada! O cachorro, de rabo a dar e dar, lambia com afecto a cara de um bebé que gatinhava por ali, com os pais distraídos a alambazarem-se de *croissants*. Ao lado, duas megeras discutiam.

— Não, eu assumo o meu nariz! Gosto dele assim, p'cebes? Sei assumir o meu nariz.

Jorge olhou para o nariz assumido e achou que não valia a pena alguém bater-se por ele, nem que fosse a proprietária... Uma pinha, tardia, despegou-se dum ramo de um pinheiro e, *ploc*, caiu na areia. O cão arrebitou as orelhas. Jorge procurou moedas no bolso da camisa. Joel levantou uma mão espalmada, autoritária. Queria pagar.

— Está bem, pronto, vamos andando...

E fizeram o caminho inverso, pinhal, pontão, lixos, asfalto, passadeira, empedrado, com Joel sempre a achar que o Partido devia ser mais interveniente, numa perspectiva mediática, chamasse-se-lhe assim, e Jorge a não ver grandes razões para o contrariar. Apesar de tudo, numa altura em que toda a gente falava de televisão, não era desengraçado encontrar um tipo obcecado pela política. Chegavam agora aos prédios e ao comércio. Jorge, obviamente, não ia mostrar ao outro que andava à procura de papas alimentícias. Tinha de entrar em casa e esperar que ele se afastasse, para voltar, sorrateiro, ao supermercado.

— A gente vai-se vendo...

— Moras aqui?

— Sim, no terceiro, para aí...

Joel foi mais preciso, explicitou a instalação, mesmo no prédio ao lado. Que aparecesse, que se podia combinar um jantar, e rematou com uma declaração que deixou o outro de desconfiança desarmada, quase comovido: que bom encontrá-lo assim, de surpresa, ao fim de tantos anos. Aquilo tinha sido, tinha sido... Não explicou o quê, mas Jorge percebeu.

E Cremilde, quando Joel reentrou, estranhou-lhe o jeito triunfal, a cantarolar restos de cantigas e a endireitar um abajur de pano rebelde, cronicamente descaído. Nem lhe ordenou que limpasse os pés, como era habitual, porque aquela alegria lhe pareceu digna de algum respeito.

A partir de então, o destino, que havia andado distraído, achou por bem fechar o bocejo e passar a ser mais interveniente. Se não tinha deliberado que Joel e Jorge se cruzassem, deixando que se lhes trocassem as voltas, passou à condescendência de os fazer doravante mais encontrados na Costa da Caparica.

Já lá iremos. Ora, esguardemos como se fôssemos presentes — porque, entretanto, transcorreu a noite e chegou a manhã — a Eduarda Galvão sentada na sala de Jorge, muito composta, na pontinha dum sofá e a rir, em suavidade, como se fora tímida e simpática. Jorge está carrancudo, em frente, com os dedos a tamborilar na mesa e trejeitos faciais de examinador.

— Então tu eras, quê? Do oitavo A?

Jorge não se lembrava, aliás estava-se nas tintas e ansioso por despachar a rapariga. Não era o tipo de professor que gostasse de prolongar o contacto com os seus alunos. Depois de anos de aulas a fio, tinha mesmo adquirido uma grande desconfiança a respeito da maior parte deles. Ao contrário do aprazível Mr. Chips, não era capaz de se comover com a memória de nomes e caras. Tudo se lhe confundia numa espécie de massa barulhenta, monstro viscoso de onde emergiam uns olhos, uns risos, uns grunhidos e que, quando se exprimia, toscamente, era para debitar disparates, silabadas ou inconveniências. Então que é que esta queria? Vender alguma coisa? Pedir-lhe dinheiro? Explicações para a CE? Um inquérito para as televisões? Negócios de enciclopédias?

— Eu vinha pedir ao senhor doutor *(sôtor)* um grande favor.

Mau! Jorge começou a esfregar nervosamente as mãos preparando-se para recusar. Isto de favores a antigos alunos dava mau aspecto...

— Estou a começar no jornalismo. Agendaram-me uma entrevista em francês e, bem vê, sinto-me tão desmemoriada. Nunca soube mas foi aproveitar as aulas do professor... Que estúpida!!!

— Hum...

E contou-lhe da projectada entrevista com Bertrand, o atravessador de rios a pé, simulando um entusiasmo de fazer vibrar antigos professores macambúzios.

— Que coisa mais idiota — espantou-se Jorge.

— É o que eles nos mandam fazer. Eles são assim. Uns parolos. Sabe, no princípio da minha carreira, tenho de me sujeitar. Isto é extremamente importante para mim. Sou... tão inexperiente...

Não lhe contou da sua passagem pela revista *Modelar,* nem dos trabalhos com que aí havia enriquecido a prosa nacional.

Jorge, a avaliar pela maneira como reagira ao escafandrista, não devia ser um apreciador. E, depois, constava que era comunista e esses tipos têm todos um fundo de ferocidade natural, embora possam saber francês. Olhando para ele, Eduarda tentava afinar a pontaria, sem faltar o seu tirito de diversão. O homem, ao que lembrava, era de rabugens e muito sorumbático. Talvez levasse a mal um galante passe sedutório ou um excesso de desinibição. O cântico da desgraçadinha era-lhe porventura mais mavioso, por causa daquelas manias sociais. Baixou a cabeça e cruzou as mãos, apertadas ao peito, num desespero. Podia perder o emprego, comprometer desde logo o seu futuro — ainda tão incerto — se não conseguisse aquela entrevista. E o pai, coitado, operário, que estava desempregado e cheio de dívidas. E a mãe, que recebera, dias antes, umas análises clínicas tão desconsoladoras...

Jorge, mais macio, mas ainda não impressionado, entrou em maré de conselhos:

— Ora, não te rales. Para quem é, bacalhau basta! Sacas uma frase ou outra e depois compões... Seja como for, o que o homem disser é completamente irrelevante. Depois, qualquer pessoa... menos tu e o resto dos meus alunos, pelos vistos... arranha o francês. Olha, pede a um polícia que te ajude, agora parece que há uns polícias letrados...

Eduarda corria as mãos pela cabeça, quase a chorar, prestes a um beicinho infantil, e Jorge já se remexia, arrependido de ter sido rude com a rapariga.

— Pronto, diz lá, queres que te ajude a fazer as perguntas, é isso?

— E se me traduzisse, depois, as respostas do gravador...

Jorge exalou um grande suspiro de afinal bom tipo, esmurrou a palma da mão esquerda com a mão direita e acabou por mandar:

— *Alors, prends ta plume et assieds toi là!*

A projectada entrevista ao francês, ditada por Jorge, nunca mais acabava de perguntas e não faltava sequer a estafada «*Aimez-vous rester au Portugal?*», a que se seguiria a parelhamente consabida resposta: «*Mais bien sûr je resterais là toute ma vie dès que...*» Assim havia Eduarda de indagar a certa altura, assim havia o escafandrista de responder, porque nenhum tinha prosápias de originalidade. Estas traças previsíveis e banais querem ficar, de momento, fora desta história. Por isso, enquanto Eduarda, empoleirada no muro do Tejo, sentindo os salpicos das ondas nos pés e os rompantes do vento no microfone, lavra a sua entrevista, que, com justiça, era antes a entrevista do professor, saiamos rapidamente de Belém, após um olhar reverencioso à Torre, e regressemos a casa de Jorge, que já comeu a papa toda, acompanhada por uma banana que é o fruto mais prático de descascar.

Jorge passou pela caixa do correio e, enquanto vai comendo, vai lendo uma carta da filha, candidata a missionária em São Tomé. «Paizinho», redige ela, com bolinhas a fazer de pontos dos *iii*, duma forma que só no manuscrito se pode ver e que nem eu nem a tipografia conseguiríamos reproduzir: «Paizinho, como me sinto feliz aqui.» Seguia-se prosa poética e passada a limpo sobre coqueiros e falcões marinhos e pores do Sol, e uma descrição pormenorizada das actividades evangélicas e paramédicas dos últimos meses. Declarações de amor ao povo do arquipélago: «Como eu amo este povo» e, finalmente, a parte substancial: «Tenho reflectido muito e olhado para Deus e continuo a achar que a separação entre ti e a mãezinha representa uma mortificação que nenhum de vocês *[sic]* merece. Eu, por mim, bem posso aguentar, que me entrego a uma obra que transcende o mundo, mas calculo o sofrimento que cada um de vocês *[sic]* terá... etc... Estou a escrever à luz duma vela porque o gerador se foi abaixo, etc., etc.

Desatava-se uma lição de moral de alto lá com ela, e rematava-se com um «Espero em Deus que...». Jorge entristeceu-se. «Esta rapariga vai por mau caminho», congeminou. «Um dia destes manda os missionários às malvas, toma um avião, pede à mãe — espero que apenas à mãe — um empréstimo a fundo perdido e, na melhor das hipóteses, monta uma *boutique.*» Decidiu não responder precipitadamente e dar-se tempo para pensar. Quando tivesse esquecido aquela carta, logo escreveria outra de volta, com umas vaguezas simpáticas e paternais.

Mal acabara de atirar os restos de comida para o lixo e imaginava já a última frase da sua peça, com o pai bósnio a soluçar junto à campa do filho baleado, exclamando: «Nunca mais!», para fazer cair o pano, quando a campainha da porta retiniu, impertinente e abusadora, ainda pior que nos romances policiais. Joel Strosse ali se apresentava, ovante, na sombra do patamar, para fazer uma visita ao amigo e dar um bocado à taramela: «Ia a passar...»

A conversa começou por ser vaga, genérica e sonolenta. Houve bocejos. Joel persistia nos temas políticos. Queria saber de eleições, perspectivas sociais, directivas. Jorge, um tanto embaraçado, acudia com o que tinha à mão, que eram banalidades.

Talvez fosse melhor a sua personagem rematar com um grito: «O culpado sou eu!!» Ou apontando para a plateia: «Os culpados sois vós!» Ou, mesmo, num grande gesto circular: «Os culpados somos todos nós!» E porque é que este Joel não se calava e não lhe desamparava a loja? «O que é aquilo?», era Joel a perguntar, às tantas, queixo designando a rima de folhas sobre o sofá. «Os teus estudos?» «Sim», respondeu Jorge, pressentindo que Joel não estava preparado para que lhe contasse de aventuras teatreiras e podia, até, levá-las a mal.

Quanto a Joel, ia pensando que Jorge mantinha a reserva que lhe competia, enquanto membro dedicado do Partido, e admirava-o pela prudência e contenção, muito próprias do estatuto. Ia ali muito disposto a admirar chãmente, longe de adivinhar a impaciência e o fastio que impregnavam os interiores do outro. Foi uma conversa de surdos, muito desencontrada, sem que Joel desse por isso.

— Eia, *A Caça ao Leão,* do Delacroix...

— Isso que tu aí vês parece uma *Caça ao Leão,* mas não é. É *A Liberdade Conduzindo o Povo*. A revolução de 1830. Paris, e tal...

Jorge contou a história, a aquisição e intencionalidade do quadro, e Joel achou que aquilo fazia sentido.

— Ah, bom...

— Ainda voltei várias vezes ao Brito, a ver se trocava — justificou-se Jorge. — Mas a PIDE apreendia sempre a *Liberdade...*

— Ah, o Brito... Foste tu quem me apresentou na livraria. Recomendaste-me o *Tchapaev,* de Furmanov, e eu fui logo comprar.

— Eu recomendei o *Tchapaev?* Onde teria eu a cabeça?

Joel hesitou um pouco, abriu e fechou os olhos, muito rapidamente, naquela surpresa efémera do pugilista que acaba de encaixar um murro, mas prestes retomou o raciocínio e entrou a perorar. Engels, dizia Joel, e Lenine, dizia Joel, e Marx, dizia Joel, e Marx outra vez, e Marx ainda, e mesmo Plekhanov e Zinoviev. Até que às tantas, interrompendo o aranzel com a mão em concha balouçada no ar, Jorge, pensativo, pronunciou, com uma voz desenterrada lá das profundas:

— Aquelas colheres de pau, aquelas malgas todas...

E foi a ocasião de Joel se interromper e autoperguntar se estaria a ouvir bem. Aquela do Delacroix que sendo uma coisa, representava outra, vá que não vá, mas estes utensílios mereciam mais completa explicitação.

— Malgas? Colheres de pau?

— Aqueles armazéns enormes com milhões de gamelas e colheres de pau, suspensas por todo o lado... De ganchos, aos molhos...

Joel não estava a perceber. Jorge houve por bem explicar o raciocínio com grande esforço.

— A supressão do direito de herança, no *Manifesto*... Estás a ver o Estado a recolher os haveres dos danados da terra e a guardá-los? O que é que eles tinham? Cadeiras coxas, uma lamparina, malgas, colheres de pau. Como é que o Estado se desenvencilharia para guardar estas coisas todas? Montar-se-ia um armazém destinado só às colheres de pau, outro só às tigelas, e por aí fora? É um quadro bizarro, não?

— Também havia de haver landaus, candelabros de prata... — arriscou Joel a medo.

— Pois, mas, a mim, as malgas impressionam-me mais...

— De facto, nunca me tinham ocorrido as malgas — condescendeu Joel, pensativo.

Houve um silêncio comprido que eu não sei como qualificar. Talvez, em explicando como as personagens se dispunham e o que faziam, possa alguém, mais hábil que eu, encontrar a qualificação para o silêncio que é, da Língua Portuguesa, a palavra mais difícil de adjectivar novamente.

Jorge estirava-se, amolentado, junto ao computador e, numa nesga de mesa, ia fazendo circular, com a ponta dum dedo lento, a carta da missionária. Joel, sentado num sofá, de perna cruzada, fazia balancear o chanato chinês, que já tinha caído na alcatifa. Apoiado no braço do sofá, afundava-se-lhe o cotovelo que, graciosamente, sustinha uma mão dobrada em riba do antebraço, que por sua vez escorava um queixo meditativo e considerador. Daí para cima era só dignidade, concentração e saber. O frigorífico lá dentro disparou, num ruidozinho tenso e tremelicante, e o telefone tocou, duma forma parecida, embora mais alta e intermitente. Joel recuperou do susto, desfez a pose, descruzou as pernas, perdeu o chanato, reganhou-o e ficou à espera que o telefonema passasse, fazendo-se distraído, interessado sobremaneira numa moldura que estava em cima duma mesita, a qual, desprovida de fotografia, exibia apenas uma vista amarrotada de Acapulco, com letras e tudo.

Era Eduarda que perguntava de lá, numa lamúria de mimo: «Se me deixasse passar por aí para lhe mostrar a gravação...» Jorge endureceu a voz e o semblante. Ocupadíssimo estava ele. Mas não quis parecer antipático em frente do ex-colega e acabou por suspirar: «'Tá bem, apareça quando quiser.» Desligou e justificou-se:

85

— Uma antiga aluna, não me larga!

— Hum — murmurou, equívoco, Joel, que não estava certo de ser o momento próprio à introdução do propósito que trazia ensaiado. E optou, cauteloso, por uma frase amável: — Um professor deixa sempre um rasto de...

— Deixa-te mas é de tretas — atalhou Jorge, a dar-lhe para o grosseirote. Desfez o exagero de expressão com uma gargalhada, o primeiro riso a sério dessa tarde. E ficaram, de novo, a olhar um para o outro.

Joel passeou até à janela, assobiou entredentes uma música indiscernível, balbuciou uma frase qualquer que ficou a meio, voltou-se para dentro, num rompante, e desvendou-se, enfim:

— Quero entrar para o PCP! (decisão)

— Tu? (espanto)

— Eu, sim. (determinação)

— Agora? (incompreensão)

— Agora, sim! (firmeza)

— Mas isto está... (inquietação)

— Pois! (heroicidade)

Dramático e surpreendente! Se fosse ocasião de mordacidades, ter-lhe-ia respondido Jorge no espírito dos tempos: «Mas o que é que eu tenho com isso?» Porém, Jorge não era mau tipo, como eu, de resto, já preveni umas páginas antes, de maneira que optou por um regozijo moderado:

— Bom, olha, fico muito contente. Bem vês, é nos momentos difíceis que... Vais então inscrever-te?

— Estava a contar com o teu apoio.

— De acordo, mas inscrever-se alguém no Partido é assim tão complicado? Passas por um centro de trabalho e...

— Gostava que falasses, lá...

Se Joel estava embaraçado, Jorge ainda o estava mais. Que ajuda poderia ele dar? Falar em quê? Porque não havia o outro de preencher uma ficha num balcão, numa mesa, ou lá como fosse? De resto, ia para mais de seis meses que não punha os pés numa reunião do Partido. Faria algum sentido aparecer um dia, pedir a palavra no ponto de «informações» e comunicar que um fulano, seu colega de faculdade, em tempos antigos, também queria ser militante?

— Eles pedem sempre referências das pessoas, não é?

— Ai, pedem? — Jorge, sinceramente, não sabia. Era militante de base do PCP havia mais de vinte anos, com períodos de maior ou menor fluência, e estes minúsculos trâmites burocráticos nunca lhe tinham ocorrido. Mas reparou que, para o outro, os pormenores eram muito importantes, carregadíssimos de significação ritual, e não quis desiludi-lo. Optou pelo ar conspirativo de que Joel estava à espera e que, decerto, o tranquilizaria mais que um «Eh pá, desengoma-te. Vai ao balcão!», e asseverou gravemente, com solenidade iniciática:

— OK, vou tratar disso!

— Ficava-te muito grato.

— Homem, por quem é...

— A sério...

E naquele momento pareceu que, no quadro, os ferozes leões da caçada e os beduínos desinquietos se esbatiam para dar lugar a uma jovem carnuda, de peitos nus, que avançava à vante da Revolução. Perpassaram na sala uns acordes mentais do *Temps des Cerises*. O busto de Lenine franziu ligeiramente o sobrolho. E os dois homens despediram-se com um rijo aperto de mão, um deles comovido, o outro nem tanto, mas admitindo a comoção como uma possibilidade interessante.

Joel chegou a casa, sonhador, esquecido do rol de compras que trazia no bolso. Qual rol? Qual bolso? Enfrentou com bonomia os ralhos de Cremilde, para lhe comunicar, sereno, de dedo apontado:

— Sabes, isto não há nada como uma pessoa explicar-se.

Mais ou menos por essa hora, ou talvez um pouco mais tarde, Eduarda tocava com os nós dos dedos à porta de Jorge. Haver campainha, havia, mas a ela pareceu-lhe mais adequado bater à mão para ritmar com as pancadas do destino o seu desamparo e pequenez de donzela em mar de dragões. Pressentira algum enfado no professor, sabia bem que a ajuda dele não era entusiástica, o instinto impelia-a a anichar-se no conchego embalador dos bons sentimentos de Jorge Matos, indefesos perante qualquer encenação de fraquezas e desamparos. E o viso dele, que começou por irritado e desdenhoso, foi-se compondo, ao deparar com o derreio cabisbaixo da moça, arfando de fadiga, encostada ao evinel da parede, mesmo por debaixo do aplique rachado.

— Mas que é que você tem, Armanda?

— Eduarda! Estou tão cansada, nem queira saber, doutor...

Entrou, lançou o saco para um canto, atirou-se para o sofá e foi contando das ruins contingências do caminho, dos autocarros sobrelotados, dum grupo de rufias provocadores no barco, do francês que falava pelos cotovelos, acrescentando drama e complicação onde não a tinha encontrado e captando descaradamente a benevolência de Jorge, neste particular bastante ingénuo. Atentos como estais, já reparastes que Eduarda sub-repticiamente já tinha abandonado no trato o «senhor doutor», passando a «doutor», abrindo a progressão para o «você», ou mesmo «o Jorge» e, sabe-se lá, se «tu». A isto se chama em linguagem popular, esperta para as estratégias, «lançar a escada». E ele já se agitava, todo preocupado, condoído, a propor chá de limão (não tinha limão), um calmante (também não tinha, a companheira levara-lhos), um vermute, um café, até que Eduarda condescendeu num copo de água bem fresca, enquanto se abanava com uns restos de jornal que estavam para ali. E, no ínterim de Jorge ir lá dentro e vir, transfigurou-se, espreguiçou-se, sacou o gravador do saco e dispô-lo à mão, para retomar o ar abatido quando o professor regressou, com um copo de ramagens amarelas e verdes, cheio de água da torneira.

— Bom — disse Jorge às tantas, num interesse solidário —, vamos lá ver essa entrevista...

Eduarda, célere, mexeu em botões, rebobinou, produziu estalidos plásticos e sacou o Bertrand da fita magnética. Mas, desta vez, os elementos e o material japonês conjuraram-se contra Eduarda. Por entre marulhos, emergiam somente umas frases incompletas. Tudo eram chapadas de rio, sopros de ventaneira e escapes de motocicletas. Azar. Nem apurando o ouvido se conseguia chegar às profundidades em que o francês discorria, por murmúrios entrecortados.

— Merda! — amuou Eduarda, atirando com o gravador. E logo a seguir: — Oh, desculpe!

— Não há-de ser nada — resmungou Jorge Matos, a quem a dura experiência da vida acostumara às más prestações dos electrodomésticos.

*

Já vejo que estas personagens estão num momento miudamente agitado das suas vidas. Os acontecimentos provocaram-nas e transtornaram-lhes o natural de hábitos e de pensamentos. A continuar por aqui, isto agora eram águas rápidas e cachoeiras, por socalcos penedosos, arriscados, sacudidos, inquietadores, a precipitar baldeamentos uivantes e trambolhões de lascar osso.

Eu sou mais pelas prosas pacatas e defendo-me dos frenesis literários. Hei-de contar o que se vai passando com Eduarda e Jorge, por um lado, e Joel e Cremilde, por outro, mas em espairecimento. Agora apetece-me um derivativo de deixar assentar os nervos. Conheceis a Caparica? É uma febril praia portuguesa de lei, que vê a leste a falésia empinada com as suas fissuras arenosas; a oeste, o mar misterioso com os seus veraneantes boiando; a sul, o cabo Espichel de gloriosa memória e de mística tradição; e, a norte, calo-me, porque Silva Gayo também se calou.

A Costa atrai um bom número dos nossos concidadãos, que adoram aquilo. Imaginai-os a cirandar por lá, do modo palonço que foi descrito, e as nossas personagens fazendo vida entre eles. Eu prefiro deslocar-me a Lisboa e entrar no gabinete do editor da revista *Reflex* que, ao invés da Caparica, é hoje um Éden de sossego, propício a uma meditação compensadora e bendita.

A revista está «fechada», pronta, os homens da gráfica a contas com ela e o jovem editor da secção Sociedade & Cultura, que convém dizer chamar-se Bernardo Veloso, experimenta aquela volúpia bem-aventurada do dever cumprido, que o ron-ronar do ar condicionado ainda torna mais prazenteiro. São quatro horas da tarde e não se está ali nada mal. Até o forro de coiro da secretária dá conforto aos pés estirados, libertados dos sapatos de etiqueta supostamente italiana.

Transferido para este ambiente, eu, para ser mais rigoroso inculcador de atmosferas, nunca deveria mencionar objectos sem lhes declinar as marcas e as proveniências. A secretária, por exemplo, tem uma marca e foi comprada na loja tal, e os sapatos estão rigorosamente à moda e foram adquiridos por encomenda na casa tal e tal, da rua não sei quê, à Calçada da Estrela. E, falando no relógio e no pesa-papéis, artefactos de orgulhoso desaine, deveria também qualificá-los por esse lado. Acontece, porém, que não tenho competência para o efeito. É certo que poderia entreter-me durante uns dias a decorar marcas e etiquetas, de acordo com o princípio que aqui se anuncia em primeira mão «se não dominas um assunto, torna--te especialista nele», mas, francamente, acho que estas perso-nagens não merecem que se lhes faça o jeito, e o leitor há-de ser poupado àquilo de que não precisa, porque, tal como eu, se está nas tintas para as emblemáticas comerciais.

Bernardo Veloso encontra-se, pois, num momento de tran-quilidade, deitado ao comprido entre a cadeira giratória de couro veneziano (com circuitos electrificados, activados por botões e cavilhas) e o tampo, também encourado, da secretária. Dentro de momentos, o relógio, imitando um de marinharia do século XIX, quererá emitir, num zumbido dengoso, as notas do *Oh, Gwendolin, sweet Gwendolin...*, anunciadoras das sete da tarde, porque, enquanto eu descrevi e perorei, já se passaram três horas. Bernardo Veloso bebe de um pacote um gole de chá gelado e medita sobre a sua revista: «Falta-lhe alma.» «Está ainda complicadota.» «Há que simplificar.» «Muito prò intelectual.» Rememorou a sua consigna preferida: «É preciso aniquilar a malta da geração de sessenta», e achou que ultimamente não tinha sido muito cumprida. Foi considerando a hipótese de manobrar para a eliminação daquele colega bigodudo, calvo, que tinha prosápias de escritor e lhe dava uma apoplexia sempre que lia a palavra *alarme,* em vez de *rebate,* e que, além disso, vestia camisas de flanela, de pescador, de manga arregaçada, e se calçava no Paraíso dos Sapatos, à Rua da Palma.

Não se considere este jovem editor vitimado por instintos de sátrapa, nem que o destino o carregara com uma dose acrescida de maldade, ou velhacaria. Se alguém lhe chamasse a atenção para a situação em que ficaria o jornalista despedido, com mulher e filhos, trapalhadas na vida, dificuldades de colocação, dívidas, seria capaz, nesse momento mesmo, de se comover até às pedras, seja o que for que isso signifique. Mas não passava daí. Enternecia-se, emocionava-se, fazia oscilar a cabeça de um lado para o outro, emitia um «tch!!!» e, dois minutos depois, já não pensava no assunto. «Coitado do tipo, estava tramado, que pena ser um chato...» Ele era assim, de sentimentalidade condensada. Os remorsos, os sentimentos de culpa e o exame de consciência não iam com o feitio de Bernardo Veloso, e isso não era da sua responsabilidade, mas de toda uma sociedade que merece ser severamente causticada nos volumes dedicados a esse efeito.

Bernardo Veloso tinha lido três livros na vida, o que, considerando a média de leituras de alguns seus iguais, deve ser apreciado como uma vantagem comparativa invejável. Eram eles *O Senhor dos Anéis* de Tolkien, *O Rinoceronte* de Ionesco e *O Falcão de Malta* de Dashiell Hammett e, pode garantir-se, nunca houve livros mais bem lidos em todo o mundo. A memória e a imaginação de Bernardo Veloso conseguiam sempre extrair citações, associações, comparações e efeitos desta ecléctica trindade literária, que não raro assomava nos seus artigos, quando não por detrás deles. Os restantes autores, desde Homero a Saramago, considerava-os dispensáveis por tediosos. Uma vez, numa festa, um titular de bigodes heráldicos informou-o de que o Camilo Castelo Branco também era bom, e ele firmou a intenção de ler Camilo pelas calendas gregas. À cautela, passou a referir-se ao escritor com respeito, quando calhava.

Fazia render os seus autores, quer lidos, quer de outiva, coisa que não acontecia com o jornalista de camisa de traineira que, embora se tivesse iniciado competentemente, em tempos remotos, pelo *Tom Sawyer,* pela *Alice...* e pelo Trindade Coelho, todo, e pudesse estabelecer uma lista astronómica de obras lidas e relidas, remontando a Paio Soares de Taveirós, mantinha um certo pudor em convocar os seus autores aos textos que redigia. Neles eliminava, aliás, qualquer referência pessoal, sendo--lhe nefando o pronome «eu». Ná! — considerava Bernardo —, ao jornalista mal vestidão faltava-lhe estaleca para isto. Não sabia valorizar-se, nem valorizava a revista. Havia, de facto, que correr com ele, coitado. Dava-se-lhe a indemnização...

Eu preparava-me agora para descrever melhor o gabinete de Bernardo, e já ensaiava vários ângulos, com movimentos cinematográficos do olhar, a que não faltava um contrapicado, quando alguém, truz, truz!, bateu à porta e me estragou os arranjos. A porta entreabriu-se e espreitou uma cara feminina, sorridente, a mais não poder. Eva, a — por assim dizer — namorada de Bernardo, apresentava-se triunfal com dois boiões, dos de compota, um em cada mão.

O que eu passo a contar agora é inacreditável. Prossigo a custo, após uma perplexa hesitação. A vida, não raro, facciona, devaneia, absurdiza, e eu hei-de conformar-me a ela, mais do que ao famoso pacto de verosimilhança outorgado com o leitor. Mas reparem no conteúdo dos frascos para que não digam que estou a mentir. Um está vazio, pronto, não conta. E o outro? Que formas negras minúsculas, peganhentas, ali se arrastam, babam, pintalgam, volteiam e zunem? Com um grande plano vê-se melhor. São moscas, sim. É um frasco cheio de moscas que Eva brande na mão eufórica, ainda há pouco tratada na manicura mais badalada das Amoreiras.

E, em vez do eterno jogo de computador em que se trata de assassinar uma figura evitando acertar-lhe em pontos vitais, com um mostrador a indicar os decilitros de sangue perdidos, Eva hoje propõe a Bernardo a sua brincadeira favorita: apanhar à mão as moscas libertadas do primeiro frasco para as introduzir no segundo. E ei-la a deslocar uma tampa, e as primeiras moscas a soltarem-se. Bernardo está rígido, atento, numa posição de samurai, pronto a varrer o ar com a mão em concha. A brincadeira prossegue até à hora do jantar, sobrando ainda algumas moscas para o dia seguinte. Um escritor estilista dedicaria umas boas três páginas a descrevê-la, com gestos, saltos, risinhos, urros e queda de objectos. Eu por aqui me fico. Não quero abusar das oportunidades. Basta-me perscrutar o olhar de Bernardo e anotar que ele se mostra sinceramente reconhecido para com Eva, embora lá no fundo pulse um picozinho de luz, quase indiscernível, que talvez comece a sinalizar alguma inquietação...

Convém dizer que este hábito de apanhar moscas, embora não muito frequente e menos confessado, teve predecessores ilustres. O imperador Domiciano, por exemplo, segundo afirma Suetónio, que até conta uma anedota a respeito. Na minha ideia, trata-se apenas de uma reinadice parva e não de qualquer perversão íntima que, essa, não teria entrada neste livro, que se quer mui sisudo e composto. Também, se tudo o que houvesse a apontar a Domiciano se ficasse pelas perseguições ao mosquedo...

Ora, retorne-se à Caparica e assista-se agora ao jantar de Eduarda e Jorge Matos, que acabam de sentar-se a uma mesa de pau, após largos e insofridos minutos numa bicha de um restaurante ao ar livre, que tresanda a sardinhas e frangos assados. O vento tremeleja estaladiço no papel cheio de marcas de vinho que oculta as tábuas de caixote, pregadas às três pancadas. Num pratito de plástico, mosqueado de queimaduras de cigarro, ao lado dos restos de entrecosto deixados pelos comensais anteriores, jazem três moeditas de cinco escudos, gorjeta apropriada ao local e aos frequentadores. O empregado é lento, tem má cara, uma tatuagem no braço com uma caveira sobre os dizeres «Nampula/71», e vê-se que é muito homem para respostas tortas. Nada que Eduarda não pudesse confrontar, mas o local não lhe pareceu adequado a exigências gastronómicas do género «leve já pra dentro esta manteiga que tem ranço», nem

Jorge Matos um admirador ingénuo de espevitanços novos-
-ricos. Eduarda estava disposta a comer «uma coisa qualquer»
e Jorge também, já que fazia o frete de levar a moça a jantar quando
ele passaria muito bem com umas papinhas, um iogurte e uma
banana. E foi uma coisa qualquer que comeram, indigna de
menção.

Eduarda sentiu que lhe cumpria exibir uma profunda grati-
dão por Jorge, que a ajudara a congeminar metade da entrevista ao francês. Após a verificação do desastre da gravação,
Jorge encolhera os ombros e declarara, tranquilizador:

— Não importa. Inventam-se aí umas coisas. Desde que
sejam lisonjeiras para o homem, ele até fica feliz. Ora senta-te
lá ao computador e escreve. Eu, depois, corrijo-te a ortografia.

E foi ditando perguntas e respostas: «É a primeira vez que
vem a Portugal?», «Sim, e estou verdadeiramente encantado com
o vosso belo país, onde era capaz de me instalar para toda a vida
se as circunstâncias o propiciassem»; «Fale-me de si, diga-me
quem é, na verdade, o verdadeiro Bertrand l'Église...»; «Desde
muito novo que a aventura me chama, e blá-blá-blá e blá-blá-blá»;
«Não consegue resistir aos desafios?»; «Jamais! Eu precipito-me
para os desafios, no sentido literal do termo», etc., etc., etc.

Alguém, dotado de mediano bom senso, se daria ao trabalho de ler uma entrevista destas? Desconfio bem que não. Por
isso eu silencio o resto e, a título documental, deixo apenas
esta amostra, mais ou menos um terço do que Eduarda e Jorge
produziram naquele resto de tarde e um sexto do que produzi-
riam ainda até cerca da meia-noite, depois do jantar.

Cotovelos sobre a mesa, queixo sobre as costas da mão, em
pose sonhadora, Eduarda pensava que aquele intelectualóide

ainda lhe poderia vir a ser útil, que mais não fosse em se tratando de questões de francês e de ortografia. Quis impressionar. Enunciou uma vida nocturna flauteada, com madrugadas instrutivas no Europaaa! e no Superclop, onde se podiam encontrar gestores, jornalistas e directores-gerais. Mas a euforia demonstrativa de mundanidade foi arrefecendo, arrefecendo, ao contacto do olhar mortiço e alheado do acompanhante, que já alisava com a unha, fiada a fiada, os bolbozitos da toalha de papel. Achou então oportuno contar a história do ceitil, embora em jeito mais humilde do que naquele almoço com o editor da *Reflex*. Apesar de tudo, Jorge não deixou de pensar: «Olha, lá continua esta a armar ao pingarelho.» Ele sabia o bastante sobre ceitis, porque tivera de estudar numismática medieval para uma peça de teatro histórica sobre a questão da Beltraneja e implicações sociopolíticas correlativas. Mas lá foi ouvindo, deixando oscilar gravemente um queixo afirmativo. E não fez qualquer comentário ao facto de Eduarda ter insinuado dois «você» na conversa, porque, enfim, mesmo ali, sentia-se muito anfitrião.

Veio à balha, não me lembro já porquê (provavelmente Eduarda fez perguntas...), a filha de Jorge, que aproveito para informar chamar-se Eufémia, nome cuja escolha não fora inocente. Jorge apressou-se a dizer que ela estava colocada em São Tomé, numa missão internacional.

— União Europeia? Unicef?

— Pois, uma coisa assim... — rematou Jorge, chamando o empregado com um estalo dos dedos.

Na escala de apreciação de Eduarda, a cotação do interlocutor subiu um ponto ou, mesmo, um ponto e meio, à conta de uma filha internacionalizada.

Depois do pudim flã foram para casa do Jorge fazer serão, acabar a entrevista e a jornada. Eduarda, muito risonha, veleira, trauteante de canções da Amália, apanhadora de florinhas mirradas, paupérrimas, cheias de pó e de restos de óleo, ia pensando: «Vamos lá a ver o que é que isto dá!» Jorge, sisudo, vendo a rapariguinha a ninfar na orla do pinhal, iluminada dos faróis dos automóveis, rosnava intimamente: «Oxalá isto não dê para o torto...» E ia-se sentindo um tudo-nada embaraçado...

Um dos pares de faróis que alumiaram Eduarda, de uma forma aliás confusa e zebrada, por estarem desalinhados, pertencia ao *Fiat Uno* do casal Strosse, que regressava da bica no centro comercial, lá em baixo, na vila. De cabeça dobrada para diante, olhos fixos no pára-brisas, irritado com os revérberos nas manchas de óleo e nos cadáveres esmagados de insectos nocturnos, Joel não enxergava nada. Mas Cremilde teve logo uma suspeita.

— Aquela moça não era a Eduarda?

— Qual Eduarda?

— A namorada do Cláudio...

— Não conheço nenhum Cláudio.

— Ai, que ele volta à mesma!

E, sem respeitar a concentração de Joel, obrigado a arrumar o carro entre um poste de cimento e um jipe reluzente que se via não queria ser riscado, disse-lhe mesmo ali das boas, obtendo como resposta apenas alguns arquejos. O comentário de Joel caiu particularmente mal, justamente no dia em que Cremilde recebera a notícia de que Cláudio fora, enfim, admitido no coro da cadeia de Pinheiro da Cruz e já estava até a ensaiar a «Laurindinha» e o «Alecrim».

Indiferente às recriminações (esparsa e passageira chuva de penugens negras, e vá de metáfora...), Joel ia a fechar o carro e reparou, enfim, em Eduarda, que vinha lá ao fundo, meneando o corpo, a colear a figura debaixo dum candeeiro. Logo atrás, o seu amigo Jorge Matos, pensabundo e de mãos nos bolsos.

— Já anda a colher informações a meu respeito — assustou-se Joel. — Como *eles* são rápidos e eficazes!

E deu-lhe um terror eléctrico pelo corpo acima que, em saindo pela extremidade superior, perdendo-se na aragem, se deixou substituir por uma saborosa vaidade, morna e afagadora. Estavam a tratar dele. Ele, Joel, era alvo de atenções!

Cremilde bem continuou a falajar e a emitir coisas desagradáveis, nem sempre justas, mas Joel, nessa noite, pensou em todas as perguntas que o inquisidor Jorge lhe poderia severamente dirigir. «Essa rapariga é indigna da vossa confiança!», afirmaria. E alçaria, solene, o punho direito.

Por essa altura, Jorge Matos, já de bocejo na mão, ditava as últimas perguntas e respostas ao/e/do francês escafandrista. Última pergunta: «E o Amazonas, para quando?» Última resposta : «*Ah, ça, bem vê, c'est une autre étape, voyons.*» «Quê?», admirou-se Eduarda. «Deixa estar, que essa escrevo eu.» Jorge atacou o teclado, as mãos deles tocaram-se, Eduarda olhou sorrindo e Jorge, a fingir que não a via nem sentia, dactilografou («digitou») o ponto final.

— Ah, o prazer do trabalho cumprido! — Eduarda estendia-se, lânguida, com os braços espreguiçantes ao alto, e o sapato caía-lhe do pé. Parece que era virtude daquele sofá semidescalçar sempre os ocupantes. Acontecera com Joel, acontecia com

Eduarda e só não acontecia com Jorge que, sendo o proprietá-rio, tratava severamente o material.

Ela pareceu atentar pela primeira vez n' *A Caça ao Leão*. Sentou-se no sofá, de pernas cruzadas, afastou a cabeça, correu riscos de desequilíbrio, para ver melhor, e quis comentar:

— Olha, leões, e tal. É do Sporting, não?

Jorge quase se descaiu a dar confiança e a explicar a história da aquisição da gravura. Mas em boa hora se retraiu e disse o que valia a pena:

— É uma reprodução dum quadro dum tipo francês, chamado Delacroix. Não é o que tu pensas, mas não te preocupes mais com isso...

— Hum — murmurou Eduarda, balanceando o corpo no sofá e circunvagando por toda a quadra um olhar crítico.

— E só tem reproduções, é? Não tem originais de autor?

A impressora passava a entrevista para caracteres *Times New Roman,* nuns relinchos irritantes de cavalo de arame, e Jorge olhava para o tecto, à espera. Fingiu que não ouvia a pergunta incriminatória. Depois, apressou-se a rapar das folhas, numa ventania de gestos, e a estendê-las a Eduarda.

— Toma; está pronto!

— Não sei como lhe agradecer, professor.

— Nem eu.

Seguiu-se um silêncio de pequenos gestos meticulosos de um e outro, aplicados em insignificanciazinhas, a puxarem mais para cá este cinzeirinho, a arredarem-no para lá, a medirem a macieza duma cortina, a tomarem no dedo o pó do monitor, a abrirem e fecharem carteiras. Cada qual queria fazer de conta que o silêncio não existia, e distraía-se dele.

— Bom — sorriu-se Eduarda, tomando a mala, onde já palpitavam as excitantes declarações do aventureiro francês. — Parece que vão sendo horas...

Jorge acompanhou-a até à porta, preocupado. Alguma coisa ali não estava a correr bem... Já com Eduarda no limiar, e o elevador convocado, resmoneou, a olhar para o chão:

— Olha lá, e tu vais assim, sozinha, até Lisboa, por esses caminhos?

— Não sei se ainda há autocarro. Mas não se preocupe, eu peço boleia.

A intenção era obviamente mentirosa para quem ali não se chamasse Jorge Matos.

— Boleia? Nem pensar! Não, não, espera!

Meditou, coçando a cabeça. O carro dele estacionava a cem metros, tinha as velas sujas, custava a pegar à noite, as luzes de travagem estavam fundidas e os pneus, com défice de ar. Sobretudo, não o entusiasmava a ideia de o tirar do lugar que ainda por cima beneficiava da sombra duma palmeira e custara imenso trabalho e maçada a conseguir, incluindo uma ridícula discussão com outro candidato. Além disso, tinha medo de guiar no escuro.

— Sabes, eu levava-te, mas tenho o carro avariado: uma biela da cabeça do distribuidor, já vês, essas tretas.

— Ah, mas eu não havia de consentir. Deixe estar...

Eduarda puxava já para si a porta do elevador, quando o braço de Jorge se interpôs.

— Não me interpretes mal, mas, olha, se quiseres, podes ficar aqui até de manhã. Arranja-se aí um dispositivo qualquer.

«Até que enfim», pensou a rapariga. «Irra, que este é um daqueles tímidos a dar-lhe para o complicativo.» «Mas porque é que eu hei-de dizer sempre que sim a tudo?», arrepelava-se Jorge por dentro, enquanto ia vendo se se lembrava de como tinha conseguido dormir na sala, depois da última briga com a companheira.

Ainda conversaram um bom bocado. Monologou Eduarda e Jorge fingiu escutar, sombriamente, enquanto ia parafusando nas coisas da vida. Estava fora de dúvida que não lucrava absolutamente nada em se enredar numa aventura com uma antiga aluna. Tinha cinquenta anos e sabia que não poderia suprir com a experiência o que lhe faltava a outros respeitos. Aliás, pelo ar desembaraçado da rapariga, tudo indicava que nem sequer a experiência estava do lado dele. Havia de ser uma noite desastrosa, de acordar irritado com o mundo e, ainda por cima, sujeito a ouvir remoques irónicos ou, ainda pior, a adivinhá-los no pensamento dela. Mas, mesmo supondo que, por milagre, tudo corria às mil maravilhas, os resultados ainda seriam mais catastróficos. Ela voltaria mais vezes. Depois traria amigos. Depois ofereceria prendinhas úteis para a casa. Depois alteraria a disposição dos quadros. Depois esconderia *A Caça ao Leão* na despensa. Depois arrumaria as peças de teatro debaixo da cama. Depois regressaria cada vez menos espaçadamente. Depois começaria uma voz de homem a telefonar para lá.

— Não! — A negativa foi tão vigorosa e vibrante que Eduarda se sobressaltou e levou a mão ao peito.

— Perdão?

— Nada, nada... Estava-me a ocorrer... Deixa lá. São coisas minhas.

— O Jorge (cá estava!) fez uma cara tão engraçada. — Eduarda abanou a cabeça, sorrindo. — Não sei de onde é que me vem esta atracção por homens mais velhos...

«Pronto, esta não podia faltar», alarmou-se Jorge. E nada de dar seguimento à conversação. A jogada seguinte que o lance requeria era: «Mas, com tantos homens mais velhos por aí, porquê eu?» E ela, de duas uma: ou diria, provocatória e vexadora, «mas não, não estava a falar de si»; ou encolheria os ombros e murmuraria, com um suspiro e um meneio: «Bem vê!» Seria então a altura de ele estender a mão, lento, meigo e paternal, e deixar-lhe uma ligeira festa na face, com as pontas dos dedos, muito ao de leve. Ela encostaria mais a cabeça à sua mão e, de duas uma... Basta! Sape-gato! Jorge levantou-se, de supetão, e aparentou uma jovialidade de escuteiro.

— Ora bem, vamos lá organizar isto, que se faz tarde. Tu dormes no meu quarto. E eu arranjo aqui um esquema com os sofás. Há lençóis no armário, vá!

Eram nove da manhã e tocou o telefone em casa de Jorge, ainda afundado em vale de lençóis, mais proceloso que de costume. Arrastou-se até à sala, voltou para trás e vestiu as calças do pijama, porque estava sem elas e guardava algum pudor no acto de atender o telefone.

Voz ansiosa de Joel Strosse do outro lado da linha. Uma casquinada sem propósito e com nervos.

— Olá... acordei-te? Não te esqueceste daquilo, claro?!

Jorge tentou lembrar-se do que poderia ter esquecido. Algum compromisso? Teria prometido alguma coisa? Marcado algum encontro? Ficado de emprestar, o quê? Seria o berbequim?

Limitou-se a rosnar: «Ah, sim, claro», e só depois lhe ocorreu que o outro queria era entrar no PCP.

— Então, já sei que andas a investigar a meu respeito, hã?

— Eu?

Isto de acordar com interrogações é muito gerador de confusão. Não é por acaso que o sono, as perguntas e a tortura andam associados em certas lembranças. Pregado com uma tacha na porta, um papel, em letras garrafais: OBRIGADA POR ESTA NOITE INESQUECÍVEL! EDUARDA. Jorge tinha de se concentrar e arrumar mentalmente os acontecimentos. O que era aquilo? Mas o outro, do lado de lá, insistia, num timbre agora muito encorajador:

— Força, avante, pá! Cá fico a esperar notícias.

E, quando Joel desligou, Jorge sentou-se e tentou perceber o que se estava a passar. Afinal dormira com Eduarda. A rapariga não tivera paciência para partilhas de espaço e disputas sobre sofás e camas, e quase o derrubara com um golpe expedito. Tudo havia sido muito atabalhoado, nervoso da parte dele, excessivamente alegre e eficaz da parte dela. Enfim, tinha passado, o que estava feito estava feito... Agora, paciência. Era aguentar a próxima carga e defender o terreno.

Quanto a este Joel, o que lhe havia de fazer?, interrogava-se Jorge Matos no banho, agastado por Eduarda lhe ter transferido de pouso o sabonete. Pobre Joel Strosse, que empenho aquele, tão serôdio, mas tão insistente, tão atento. E tão desesperado. Pobre da Eduarda, já agora. E pobres de nós todos, pensando bem, que é como remata uma obra-prima de Graham Greene que ele tinha lido na juventude e eu recomendo.

E, quando fechou a torneira do chuveiro, Jorge, muito concentrado, deixou-se impregnar de uma profunda compaixão pelos outros, que ia de par com alguma complacência para com ele próprio. De vez em quando acudiam-lhe estes rebates de piedade, muito intensos, carregados de perdão e de compreensão, com um contristado sorriso interior, promissor de absolvições, irradiante de indulgências. Eram assomos breves, felizmente, porque, se fossem duradouros, ter-lhe-iam garantido o acesso à santidade e proibido a participação neste livro.

O melhor era falar ao Vitorino Nunes. O Vitorino, desde tempos ancestrais, fazia de «controleiro» dos inspectores escolares. Uma vez por ano, conseguia agrupar em torno duma mesa sonolenta o próprio Jorge, uma senhora já entradota, de cabelo amarelo, que cultivava um amargo contencioso com a vida, e um reformado, muito cavalheiresco, que desbobinava intermináveis discursos, recheados de citações de intelectuais russos, cujos nomes procurava pronunciar em termos, fazendo uns trejeitos esquisitos com a boca: *Bah-hhhúnin, Êssiênin, Maijáh-kof...* Quando se referia ao Vitorino, Jorge dizia, por hábito ou por chalaça, «o controleiro», mas não sabia bem como é que as funções dele se designavam oficialmente nos tempos correntes. «Controleiro» cheirava muito a esquinas escuras, abas levantadas, senhas e contra-senhas, directivas, sacrifícios heróicos, vigilâncias, o que não calhava à conjuntura, nem ao bom do Vitorino, que era vagamente músico, neurótico e pacatíssimo homem. «Coordenador» também não se lhe havia de chamar, porque outros partidos, ao que consta, destarte nomeiam os homens do aparelho. De maneira que, para ser rigoroso e de escorreita linguagem, costumava identificá-lo, perante estranhos, como «aquele camarada de bigodes, assim para o forte, que está encarregado da nossa célula».

E, como estas coisas o faziam sorrir, e a melancolia piedosa já se havia esfumado, Jorge, mais bem-disposto, pegou no telefone e ligou o número do Nunes. Enquanto discava, arrancou o papel de Eduarda da porta, amarrotou-o e atirou-o para um cinzeiro.

O Nunes já vai atender, porque os livros não é como na vida, e as pessoas estão sempre em casa quando são precisas, à mão do autor totalitário. Também é assim nos filmes, em que os automobilistas encontram sempre um lugar a jeito para estacionar, mesmo no centro de Lisboa. Imaginem as voltas e o esforço em que eu me veria enrolado se o Nunes não estivesse disponível. Teria que repetir telefonemas, encontrar mais situações, mais ambientes, mais pretextos, mais conversa e, enquanto assim ia gastando papel, com ele iria gastando também a paciência do leitor, que participa da natureza dos bens escassos. Dando-se o caso de o Vitorino se encontrar amiúde ausente, lá teria eu de reiterar, não sei quantas vezes, o diálogo: «O Vitorino está?», «Não, não, já saiu!», «Obrigado.», «Tlim.» Era uma sensaboria...

O Vitorino está, pois. Levanta-se da cama, grita: «Deixe, tia, que eu atendo!» e vai caminhando, de má catadura, para a mesinha do telefone. E eu, entretanto, vou-lhe cortando na casaca.

Vitorino Pereira Nunes, desempregado crónico, vivedor de rendimentos, melómano aplicado, a morar na companhia duma tia idosa, progressista e intelectual (pintava, poetava e compunha), numa casa antiga, com um grande corredor e um saguão, ali às Avenidas Novas. Era um casarão em que faria boa figura um gato, com a respectiva tigela de leite, de malmequer pintado, mas não o havia, por causa do periquito que era muito estimado e sabia falar. Bastava dizer-lhe alguém «Coitadito do *Chiquito*, coitadito», que o bicho olhava de lado e esganiçava, com voz nasalada, embora destituída de expressão e de sentido inovador: «Coitadito, coitadito, do *Chiquito*.» Verdejava à solta pela casa, com arrogâncias bamboleantes de proprietário, debicava em todo o lado, sobretudo no verniz dos pianos, e largava, profusamente e sem aviso, umas excreções amareladas que custavam muito a sair e deixavam nódoa.

O celibato de Vitorino não se devia a razões constitucionais, nem de princípio, mas a muita preguiça e falta de ocasião. «Não calhara», dizia ele, que é o que habitualmente se diz. A tia cozinhava bem e era muito protectora. Fazia às companhias de Vitorino um exame tão gelado e uma perlenga tão snobe que elas ficavam a pensar se não seria melhor absterem-se de uma vida de cultura e especiosa conversação «enquanto a velha durasse». As aspas antecedentes são muito autênticas e reproduzem exactamente os pensamentos que duas delas tiveram para consigo próprias. O periquito falante também não ajudava muito a uma visão construtiva do futuro...

Vitorino foi-se conformando e engordando. Tinha para seu uso privativo um quarto e duas salas, que eram uma sarabanda de papéis de música empilhados e de fotografias autografadas de cantores famosos. Retratos de Di Stefano, Gobbi, Mario del Monaco, Teresa Stich-Randall, Maria Callas e de mais outros que me não ocorrem, misturavam-se nas paredes com capas de discos emolduradas. A Pavarotti e Placido Domingo, Vitorino Nunes não ligava muito, por serem «popularuchos» e se prestarem às misérias das televisões privadas. A propósito de José Carreras e Montserrat Caballé fazia assim um gesto de mão, equívoco, de dedos soltos a girar à rotação do pulso. A tia corroborava. Apenas o contrariava se tinham visitas. Era um hábito.

Vitorino era naturalmente do PCP, como era naturalmente português, anafado e melómano. Estava-lhe na massa do sangue. O avô paterno havia sido anarquista e proprietário, o que só é incompatível em mentes desconhecedoras do real e de Fernando Pessoa. O pai e os tios passaram as vidas entre a prisão e a conspiração. Do lado da mãe, perfilavam-se um avô tarrafalista, um primo que era agitador operário no Barreiro e um militar que tinha participado na revolta de Beja. Olhando para aquela árvore genealógica, e descontando alguns mações barbudos, era só vermelhidões pelas ramificações acima. Vitorino fora embalado ao som da *Internacional* e do *Fado do Cavador*. A sua iniciação ao alfabeto ocorreu, pela mão do avô materno, quando, passeando pela Rua Rodrigo da Fonseca, depararam com uma inscrição, pichada a nitrato de prata, que clamava: ABAIXO O PACTO DO ATLÂNTICO. Quanto a esta tia, com quem vivia há longos anos, não havia revolucionário a quem não tivesse dado guarida e gasalho. As mais das vezes — sibilavam línguas bífidas —, com um zelo excessivamente afectuoso.

Vitorino crescera, conspirara, sofrera, resistira. Levou uma vergastada numa manifestação, mas nunca foi preso. E isso também não perdoou à ditadura. Logo após o 25 de Abril compungia-se, inferiorizado, quando encontrava os que tinham estado presos por dez, vinte anos invejáveis, e quase se sentia culpado de a polícia política lhe não ter dado a importância que merecia, ao menos por pergaminhos familiares.

À medida que ia envelhecendo, o bigode, que usava retorcido nas pontas, ia ficando branco, de fora para dentro. A voz já não se prestava àquelas fúrias sonoras com que ele, arrepelando os cantos da boca com os dedos, atroava quarteirões inteiros e — garantiam lisonjas mentirosas — chegava a partir alguns vidros. Ultimamente ganhara o hábito, mais suave mas não menos rebarbativo, de soprar entre os dentes a ária do Papageno, aquela em que o passarinheiro confessa que uma mulher ou uma esposazinha lhe convinha muito.

E foi este cicio musical que Jorge Matos começou por ouvir quando Vitorino Nunes levantou o telefone e se preparava para dizer «'Tá lá?».

— Mas, olha lá, esse Joel Strosse não é politicamente duvidoso? Lembro, lembro-me muito bem, mas julgava que...

A conversa já ia adiantada e corrida sobre todas as saudações e inquirições de abertura. Jorge tinha chegado à matéria, informando que um tal Joel Strosse, colega de Letras, que namorara uma Marília, autora de poemas cheios de operários, carros eléctricos e sóis, estava disposto a filiar-se no PCP.

— Está bem, não te parece mau tipo, pronto. Mas não achas esquisito que ao fim de vinte e tal anos ele venha... *Ein Mädchen oder Weibchen / Wünscht Papageno sich.* Bem, sei lá, eu por mim não posso decidir... Pois, é um caso giro, é. Vou telefonar à Vera. Adeus, adeus, está descansado. *Wünscht Pa-pa-ge-e--no-o sich...*

Não consegui captar nada do que Jorge disse, mas acho que adivinhei pelas respostas. Feitas as despedidas, mais um troçozito da ária do Papageno, e o «controleiro» voltou para a cama.

«Quem era?», bradou de lá a tia. «Nada de especial. Malta do Partido», vozeirou Vitorino Nunes, já a fechar os olhos.

Ainda bem que ele não ligou logo a seguir. Eu lá teria que dar conta da diligência, e isto ia parecer um romance de fio telefónico. Não seria má ideia, para outra ocasião, mas, agora, a cadeia telefónica viria introduzir cadências repetitivas, tediosas e impedientes de eu contar o que estou ansioso por: a decidida e mui apessoada chegada de Eduarda Galvão à revista *Reflex*, nessa manhã.

Atravessou a redacção, sem bom dia, nem boa tarde, aproou ao gabinete de Bernardo Veloso e participou:

— Cá está, pedi a um professorzeco meu conhecido que me tirasse isto do gravador, mas o parvo só fez asneiras. Não percebia nada de francês, coitado.

Triunfal, atirou os papéis da entrevista para cima do tampo da secretária e ficou, de braços cruzados, à espera dos elogios. O rapaz não se mexeu. Estava ali, muito hirto, de boca aberta e olhos em alvo, a fitar através de Eduarda. Permaneceram assim um largo silêncio, até que Eduarda, preocupada, fez um vago aceno no ar e perguntou:

— Você está bem?

E ele apenas respondeu, com uma voz trémula de médium em transe:

— Aconteceu, caraças, aconteceu...

Ocupada das formas que tivemos o privilégio de presenciar, a Eduarda escapara o acontecimento fundamental dessa noite e de todas as outras que faltam para o fim dos tempos, que, ao que tudo indica, já não serão abundantes. O senhor bispo de Grudemil tinha ferrado uma dentada no cão do vizinho.

Nas escolas de jornalismo, sejam as da vida, as da praia ou as propriamente ditas, costuma dizer-se com aquele vezo categórico das verdades imarcescíveis que, se um cão morder um bispo, não há notícia, mas que, se for o bispo a morder o cão, já há. Nesta altura, todos os alunos e estagiários riem: «Ora, um bispo a morder um cão...», como se fosse um acontecimento tão extraordinário e sensacional como encontrar um psiquiatra que vá a casa, ou um electricista fanático da pontualidade. O jovem Bernardo Veloso, por exemplo, ficou tão transido que só não considerou aquilo uma intervenção divina por não ser religioso. Daí o pasmo hipnótico em que havia caído, arrasado por um frenesi de telefonemas e um descompasso de ordens, gestos, guinchos e berros, integrantes da cena precedente, transcorrida antes de Eduarda chegar e a que não fomos admitidos.

— Está aqui o meu trabalho! — arriscou Eduarda, quase a medo.

— Qual trabalho? — Os olhos dele piscavam, vagos e tremebundos, atrás dos óculos de aros azuis, comprados naquela loja da Avenida de Roma, em frente da dos discos, que também tem sucursal em Campo de Ourique, não longe da Casa Fernando Pessoa. Era razão para Eduarda pensar, como pensou: «Este está com uma pedrada do camandro!»

— Sobre o escafandrista francês...

— Um escafandrista? Francês? Mas... Mas quem é você? Que é que está aqui a fazer?

Eis que a porta do gabinete de Bernardo se escancara e alguém, de elevada estatura e grosso volume, se encosta à ombreira, com um baque, arfando, como se estivesse num filme americano, a sofrer de dois tiros. Era um homenzarrão em mísero estado físico, moral ainda pior. Uma mancha vermelha, túrgida, ocultava-lhe um dos olhos, apenas denunciado pela ranhura peluda que se rebelava à tumefacção. O beiço de baixo crescia ao tamanho de, pelo menos, meia boca. O cabelo estava salpicado de caliça e detritos. As roupas, tão esfarrapadas que é melhor nem falar delas.

Uma cabeça de fotógrafo, agitada, espreitou pela porta e explicou:

— É o Vasconcelos, coitado. Acho que três tipos lhe deram um enxerto de porrada para lhe roubar o relógio.

— Não quero saber. — Bernardo acordou do transe, saltou, espevitado pela energia, e apontou um dedo categórico ao Vasconcelos: — Não quero saber de histórias! És o meu único repórter disponível. Arrancas já para Grudemil e ouves-me esse bispo, os vizinhos, o dono do cão, as autoridades...

Vasconcelos tentou levantar a mão direita num aceno explicativo, oscilou e, *catapum!*, desabou redondo no chão.

— Desmaiou — observou o fotógrafo, com argúcia.

— Não há problema — adiantou-se Eduarda, heróica. — Eu sigo para Grudemil.

Minha querida filha, agradeço muito a tua carta e apresso--me a responder-lhe, apesar de não estar agora em grande maré. Bem sabes que nunca aprovei essa tua ida para São Tomé, e a tua mãe ainda menos. Neste desgosto, estamos ambos, portanto, em harmonia, pelo que as tuas observações sobre o nosso relacionamento são um bocado para o alarmista.

Embora não comungue da tua religião, e menos ainda da

forma sobremaneira fervorosa com que a praticas, rendo-te a
justiça de reconhecer que não estás a fazer mal a ninguém, o
que, nos tempos que correm, me enche de regozijo. Mas vê se
vais pensando em regressar, para dares lugar e oportunidade a
outras entusiastas que também merecem, coitadas.

Quanto àquela ideia da Grande Cruzada da Paz, com o
Papa à frente, de cruz alçada, seguido pelos bispos, padres,
demais clérigos e leigos, rumo ao Cáucaso, com passagem pelos
Balcãs, orando em voz alta, para acabar de vez com as guerras
pela actuação do verbo divino, acho que devias comunicá-la ao
Santo Padre. Mas, não sei bem porquê, suspeito de que ele não
te fará a vontade. Primeiro, porque a iniciativa causaria um
engarrafamento gigantesco; depois, porque, tendo os comba-
tentes sentimentos muito desarranjados, não se lhes dava exter-
minar a Cristandade em bloco, e ela faz muita falta; finalmente,
porque, ao que parece, logo a seguir ao milagre de Ourique, a
Divindade se cansou de interferir nas contendas humanas; para
rematar, não me agradava nada que a minha filha andasse aí
por essas montanhas a fazer figuras e a levar tiros. Não é melhor
ficar em casa e rezar? Pode ser que Deus volte, entretanto...

Não ligues a este estilo assim aparentemente desprendido. É,
bem sabes, a minha maneira de falar.

Do teu pai que muito te ama, etc.

Jorge Matos releu o rascunho da carta para a filha e entristeceu-se. Saíra-lhe a prosa malvada e ressentida. Aquela incurá-
vel mania do sarcasmozinho... Não era de ironias que a miúda
precisava. Era ainda de qualquer coisa que ele nunca fora capaz
de dar-lhe ou tivera excesso de pudor para evidenciar.

Rasgou a carta, atirou-a para o cesto atravancado de papéis, cascas de banana e embalagens de iogurte e começou outra:

Querida filha, nem sabes o prazer que me deu receber a tua car...

Campainha da porta a tocar, Jorge Matos a abrir e Joel Strosse a sorrir, no patamar. Jorge correspondeu ao sorriso com meio beiço a deslizar para o lado.

— Entra, estava a escrever à minha filha.

— Ah, tens uma filha?

— Sim, está a tirar um mestrado no Canadá.

— Ah, curioso... o meu Cláudio está na Suíça.

— Também a estudar?

— Claro.

Quem haverá aí que não absolva estes dois mentirosos? A conversa calhou, não foram eles quem a escolheu. Para que haviam de se expor reciprocamente as suas dores mais íntimas? Todos nós, em certos momentos da vida, nos vemos embargados de declarar algumas verdades, para poupar derivativos capazes de redobrar as amarguras. Há-de haver no austero Livro do Juízo codicilos prolixos, dirimentes de pecados desta natureza. Eu sei, o leitor sabe, Deus sabe, mas os dois homens, não estando seguros disso, rapidamente mudaram de assunto e entraram numa troca de vozes supinamente pateta e sonolenta, versando o calor que fazia e o péssimo estado dos pavimentos. E muito foram insultadas as estradas, a Câmara Municipal e a temperatura ambiente, até que Joel Strosse ousasse dizer:

— Já vi que andas a tirar informações por certas pessoas...

Jorge ficou alertado, lembrado daquela tineta do outro. Tossiu e coçou a cabeça, num gesto raro que era o de fazer passar o braço direito por detrás do pescoço para esgaravatar no occipital esquerdo.

— Eu, quê?

— Aquela moça, a Eduarda...

— Ah, a minha ex-aluna.

— Também é do Partido, ela?

— Não, que disparate!

— Sabes, nem tudo o que para aí se diz é verdade...

— O quê? Mas tu conhece-la?

O ar de Jorge era de profundo, alarmado e manifesto espanto. O nariz franzido, as sobrancelhas, uma para cada lado, sobre uns olhos que esguardavam ao alto, o queixo descaído, em sentido inverso, arrastando o maxilar e revelando amplamente os incisivos inferiores, não deixavam margem para dúvidas de que Jorge se encontrava seriamente confundido. A carantonha era ridícula, e a conversa parecia mal ligada. Joel conseguiu perceber que a proximidade entre Eduarda e Jorge não constituía apenso do seu processo. E assim como aqueles caminheiros que vão afoitos e alegres, numa manhã orvalhada, em que há libélulas e repipilam aves, e saltam uma vedação para ir colher lá longe, no meio do prado, a papoula brilhante que o enfeita, ao serem surpreendidos pelo feroz touro que, incomodado, já escarva o solo com a pata, baixando as hastes e levantando grumos de terra por todo o lado, se apressam a saltar de novo a vedação e se afastam do local, assobiando baixinho, ainda mal certos de que a vedação aguente a massa bruta em investida, assim, dizia eu, Joel Strosse resolveu arrepiar conversa.

— Costumas ir almoçar ao Pipocas ou ao Jeitosinho?

— Almoço em casa.

— Ah.

— Mas, estava eu a perguntar, tu conheces a Eduarda? — Jorge agora olhava de soslaio, muito penetrante de desconfiança.

— Sim, sim, de vista. É amiga duma rapariga lá do bairro.

Houve silêncios, passeios pela sala, em falsa descontracção. Joel tentou alisar uma dobra da alcatifa com o pé e consultou amiudadamente a colecção de discos de Jorge. «Olha o Adriano», «olha os Aquaviva», «olha o Schubert», «olha...». A visita já tinha dado o que tinha a dar, por sinal um bocadinho avariado. Joel despediu-se. Mas levava, descaído na cara, um ar tão embaraçado, tão humilhado, tão deprimido, que Jorge não resistiu a segredar-lhe, puxando-o por um braço, e à puridade:

— Estou a tratar daquilo. Já fiz uns telefonemas...

— Sabes, amanhã não estou cá... (era dia de visita em Pinheiro da Cruz...)

— Ora! Estas coisas demoram tempo, hã?

Quem, algumas horas mais tarde, se postasse no meio da estrada que liga Grudemil a Braga e ficasse à espera, de braços cruzados, de peito feito contra um carro que lá vinha, rápido, não apenas como o pensamento, à maneira do de Cardoso Pires, mas mais célere ainda que todos os exageros que a imaginação popular invente, faria decerto um grande disparate. Mal lhe roçassem os faróis no fato, já estaria atropelado. O som de ossos estalados só se ouviria muito depois.

A conduzir o *Rover,* de mãos nervosas, calçadas de luvas especiais, ao de leve tacteando o volante apequenado, revestido de couro genuíno, agigantava-se o fotógrafo Gracindo Vicente, estrela da *Reflex,* vestido pelas lojas *Tapioca,* adiante designado apenas por «o fotógrafo», que trazia consigo — missão cumprida! — a jornalista estagiária Eduarda Galvão. Ela cabeceava meio adormecida ao som duma lengalenga anglo-saxónica, em cassete, que o motorista considerava «música muito boa». Eduarda não era de frenicoques. Como não sabia conduzir, achava normal aquele furor de devorar estradas.

O fotógrafo, não se percebe se apreciava especialmente as acelerações para poder rechinar, depois, nas travagens, ou as travagens, para estrondear, a seguir, nas acelerações. Pacífico é que o relincho dos pneus nas curvas lhe agradava sobremaneira. Aos fins-de-semana, chegava a ir treinar «derrapagens controladas» para os lados do Guincho.

Eu aqui a acompanhá-lo, por dever de ofício, e a medrarem em mim umas tentações de criminalidade literária. Os faróis, prateando a folhagem das árvores, excluem o resto do mundo, que fica no escuro. O ambiente é tétrico. Os ramos parecem enclavinhados como os da floresta do filme da Branca de Neve. Dali podiam sair mãos vegetais, nodosas, aduncas, malfazejas. E, se não fosse o barulho do motor, talvez se ouvissem uivos agoirentos ou uma gargalhada de estalo. Boa ocasião para eu dar cabo de Eduarda e já agora do fotógrafo que, também, não se perdia grande coisa. Aquele eucalipto que passou há pedacinho até tinha bom tronco para um choque...

Mas a bondade natural manda aqui outorgar uma benévola moratória. Deixá-la ir vivendo. Se eu não a castigar no romance, a vida encarregar-se-á da justiça. E se a vida passar, distraída, surgirá sempre um Justiceiro, lá no infinito, sentado entre um quasar e um buraco negro, disposto a pedir contas. Por esta vez, escapa a Eduarda. Ocorre-me que ainda não contei como deve ser o caso do senhor bispo de Grudemil e, enquanto conto e não conto, o *Rover*, beneficiando das vantagens do tempo narrativo, ajudado das acelerações do fotógrafo, já irá derrapando por alturas de Alverca.

Ora, o bispo era um sujeito sossegado e, até, muito dado às coisas de religião. Abençoava abundantemente, consentia que lhe beijassem o anel, lucubrava homilias mansas, abstractas desde o exórdio à conclusão, com o cuidado de não deixar ideias pendentes, e geria o seu múnus pastoral — se a expressão tecnocrática me é permitida — de maneira a não incomodar ninguém. A sua vida, antes desta arrelia, só a tinha abalado um sobressalto — e grande — por alturas do 25 de Abril. Era então cónego e aquilo fez-lhe uma tremenda confusão.

O mundo estava todo no seu lugar, com os casais branquinhos a fumegar, por mimosas chaminés; as ave-marias dolentes adoçavam os ares no declinar das tardes; os pais-nossos, murmurados junto aos cruzeiros das estradas, eram o rumorejo respeitoso de um povo dócil e temente. E havia as pastorinhas a tocar os seus patos, os rouxinóis a gorgolejar nos raminhos, os bois, os boizinhos, leões com corações de passarinhos, olhando com ternura as costas honradas dos lavradores, o esterco nas ruas, nas lojas, nas casas, húmus dos tempos, em camadas sucessivas, pelo menos desde o senhor rei D. Dinis, a adubar a atmosfera de eflúvios adocicados, as lareiras na aprazível escuridão das pedras tisnadas, apurando a substancial sopa de couves, as moçoilas louraças cujos seios de tão rijos pareciam querer romper as blusas de linho, os pobrezinhos, coitadinhos, de bornal, à chuva e ao sol, a pedir pão e conduto por amor de Deus, enfim, todo um quadro presepial de harmonias que ao Senhor muito apraziam, por serem, de si, um louvar a Ele. Às vezes — que desgostos resignados também os havia — badalavam os sinos, tristes de saudade, e passava o caixão de um jovem, num armão da tropa, coberto pela bandeira nacional, após uma cerimónia simples mas significativa. A morte de África passeava-se então por Grudemil, às negaças, e fazia pavor ao povo. Mas era raro. Os mais a morrer eram os velhos.

Pois não é que soam rumores do lado de Lisboa e, numa manhã nefanda, surdem da névoa uns militares hirsutos, de punhos em riba e arma em bandoleira, acompanhados de estudantes gritadores, a clamar que aquilo era uma revolução, pá, e que a revolução era, pá, como uma bicicleta, pá, se a gente não pedala, pá, a bicicleta cai, pá? E a pintar frases nos muros? E a querer ensinar toda a gente a ler dum dia para o outro? E a agitar bandeiras encarnadas? E a espinotear, em cima de camiões, numas peças de teatro que ninguém percebia? E a levar preso um senhor, muito frequentador da missa, com o pretexto de que era agente da PIDE e torturava pessoas?

O senhor bispo de Grudemil, então mero cónego, escreveu umas prosas indignadas num jornal das missões, que foram citadas em Lisboa, com gáudio, como modelos de reaccionarismo ultramontano, e deu uns conselhos a uns rapazes que andavam cá e lá pela raia de Espanha, com carregos pesados, de que se escapavam, às vezes, ao luar, uns reflexos metálicos. Disto, se em Lisboa soubessem, haviam de rir menos... Há quem sugira que ele fez mais que dar conselhos, e citam-se alguns casos que, a cumpliciá-los um clérigo, exigiriam um

119

arrependimento triplo e qualificado, ainda assim de absolvição muito tremida lá no Alto dos Altos.

A revolução deixou os seus estragos, os anos passaram, o cónego ascendeu a bispo, os cabelos do senhor bispo que não embranqueceram foram levados pelo vento, e aquela fúria prosélita, feita de vigores ainda juvenis, conformou-se com os novos tempos que, vendo bem, não eram assim tão descontíguos dos velhos. Chegara a altura da velhice tranquila, dos cuidados do passal, da burocracia e da caça. Embainhado o gládio de Deus, acabaria por sair do coldre a *Beretta* de dois canos, com um utilizador mais sereno e uns destinatários orelhudos menos abrigados pelo Código Penal.

Talvez seja legítima a dúvida sobre se um eclesiástico, homem de paz e vinculado à bondade, deva andar a expedir chumbos fumegantes sobre minúsculos animais, tímidos e fracos, perfurando-os, traçando-os, esventrando-os, rebentando-lhes as cabeças, fazendo-lhes saltar os olhos, pendentes das órbitas por filamentos enlameados, e, finalmente, pendurando-os à cintura, ainda frémitos do sofrimento, rouquejantes de dores, a esvair--se em sangue. Se eu mandasse nos eclesiásticos não consentia. Acharia que dava mau aspecto. E sempre diria que aquela visão do lençol atado pelas quatro pontas, com animais embalados, e uma voz a trovejar «Levanta-te, Pedro, mata e come!» era mais um sinal de exagero nos jejuns do vidente que uma hierofania de acirrar extermínios. O padre não interpretava assim, infelizmente, e abonava-se com outros lugares das Escrituras em que eu não tenho competência. Seja como for, se se livra da minha proibição, não se livra da minha opinião. Violentar animais não é feito que se apresente. E este teve castigo terreal.

Pois aconteceu que numa daquelas partidas de caça estanciava uma rodada de homens em grande almoçarada de morcelas e chouriços, e gerou-se uma contenda sobre assuntos duma Junta de Freguesia. O verde espichado de alto — despenhamento que, a acreditar no lugar-comum, lhe dá mais efeito — veio acirrar o rancor de ninguém ter acertado em bicho legalizado nessa manhã, e as réplicas fizeram-se torvas. Quando o bispo de Grudemil, prestes a dizer boas palavras, alçava a dextra apaziguadora, um dos circumpostos bateu com a coronha no solo para sublinhar um argumento. A arma, vetusta e já tatibitate, também quis argumentar. *Catapum!*, um ramo duma árvore veio abaixo, os cães ladraram e o bispo recolheu a mão porque a tinham perfurado alguns chumbos.

Passo sobre os episódios seguintes, com o bispo a clamar, ainda assustado, «mas eu não quero nada do homem, eu perdoo, eu perdoo!», para o momento em que, dias mais tarde, ainda de braço ao peito, ele entrou pela cancela do passal e deu de caras com o inimigo.

Não era o porco sujo, que a esse o bispo arrumava-o com um latinório sonoro de eficácia atestada pelos séculos dos séculos. Era o cão do vizinho, perdigueiro de nariz rachado, mas mau caçador, que tinha vindo esgaravatar no canteiro dos morangos, só por espírito de malfazer e embirração, que não havia ali nada que interessasse a canídeos. Já não era a primeira vez, mas, desta, seria a última. Pega o bispo de uma ripa na desajeitada mão esquerda e precipita-se sobre o cachorro, bradando vocábulos desagradáveis e impróprios da sua gravidade.

Então veio interpor-se o limoeiro, com muitas pretensões a árvore maldita. As figueiras é que são fadadas à má sombra, como vem nos livros. Prestam-se a ser amaldiçoadas, são feias, mesmo propícias a certos enforcamentos, em paisagens veneradas do Mediterrâneo, à falta de vegetal menos elástico. Mas o tronco que veio implicar com o arremesso episcopal foi o dum limoeiro, renegado da pacatez, ávido de protagonismo.

É o limoeiro uma árvore benigna, mas masoquista. Para que produza os rugosos citrinos, caríssimos no mercado, é preciso que o desanquem com energia. Nas grandes geadas, vai-se abaixo, desanima, desmaia. É preciso descompô-lo, gritar-lhe. Alguns, como era o caso, chegam a exigir que os perfurem com pregos ferrugentos, batidos a martelo orelhudo. Este tinha sido tratado com todos os efes-e-erres, como atestavam a ripa de bater e o prego espetado, bem sobressaído, que em má hora se conluiaram contra o avanço do bispo. Se uma lhe trocou as pernas e o fez desequilibrar, o outro filou-o firme pela manga canhota do casaco e apontou-o ao chão. E aí jazia o padre imóvel, de nariz nas folhas, o braço entrapado para a frente, o braço são agora tolhido e estorcido para trás, num preparo assaz desconfortável e nada natural. Houve então por bem gritar por socorro.

O perdigueiro invasor achou tudo aquilo bastante esquisito e veio farejar, nem muito agressivo, nem muito amigável. Aos protestos do clérigo, colou-lhe à cara uma ponta de focinho molhada, a emitir uma rosnadela exaladora de muito mau hálito. Com o único órgão ofensivo disponível, o bispo interrompeu a gritaria, encheu o peito de ar, alçou o queixo e traçou o bicho por uma perna, que lha ia partindo, a avaliar pela chinfrineira que o cão produziu. Havia já gente a espreitar por cima da vedação, entre os espreitadores um correspondente duma rádio local, e, lépida, correu a notícia até à China. Enfim, um bispo tinha mordido um cão. Milagre!

Escondido em casa, o bispo não se queria mostrar. A multidão de jornalistas presente, multicolorida e multilingue — este desleixadão no trajo, aquele vestido para casamento, numa promiscuidade tumultuosa entre o *blazer* da Rosa & Teixeira e a fancaria da rua competente —, protestava que ele não queria «dar a cara», o que, para a informação, era uma grande desfeita. Sentiam-se todos sinceramente ofendidos...

Da casa episcopal tinham chamado a GNR, e veio uma patrulha que defendeu o portão, com garbo, e se prestou a ser entrevistada, com pose. O perdigueiro, que nem nome tinha, passou a vedeta nacional. As câmaras, indignadas, mostraram a pata entrapada do «melhor amigo do homem». O sargento da GNR declarou, de bigodes ameaçadores, que o caso (a «ocorrência») era da competência dos tribunais, «mas não destituído de gravidade», e o dono do cão sustentou que «ele há coisas nunca vistas», declaração compungida que serviria de abertura pelo menos a um dos Telejornais dessa tarde.

Quando Eduarda chegou, aquilo era uma feira de colegas, populares, guardas, ciganos curiosos e algumas irmãs de caridade que, de cabeça baixa, rezavam, nem sabiam bem para quê, queriam era que desse resultado. Era uma hora da tarde. Ao som do relógio da Igreja Matriz de Grudemil, os serviços noticiosos das televisões irromperam no ar. E várias vozes bradaram, precisamente, e muito a propósito: «No ar!!!» Eduarda, passeando entre os colegas, observadora e atenta, foi ouvindo e registando. Um monitor aproximava uma janela da casa, e o jornalista, frente à câmara, relatava, de sobrolho derribado, em tons vingadores da cidadania ultrajada: «Atrás daquelas portadas esconde-se o senhor bispo de Grudemil...» Outra câmara, outro jornalista: «Manuela, Manuela, estás-me a ouvir? Pois temos junto de nós o capitão... quê?... Ah, sargento? Sargento Durval da GNR que vai explicar...» Um repórter de rádio, para o proprietário do cão: «Em termos de indemnização, o senhor vai exigir quanto?» Outro: «Antena Beta desde Grudemil, acompanhando o caso do bispo mordedor. Durante toda a manhã...»

De saco a tiracolo, dois passos para aqui, três para acolá, ar de bocejo distraído, disfarçando os sobrolhos moventes e crispados, Eduarda percebeu que aquele momento era muito especial e que os seus colegas estavam todos a errar abundantemente. Era perspicácia? Não, não era. Era faro. O que é o faro, neste contexto? É uma intuição subtil e bem-aventurada, que não tem a ver com a experiência, nem com a inteligência, nem com o discernimento, nem com o talento, mas com uma intervenção fulminante dos deuses que — ninguém saberá jamais porquê — insistem em apetrechar as pessoas erradas da capacidade de agir proficuamente sobre a ocasião.

O fotógrafo ia disparando a máquina, focando a janela, o muro, as freiras, os guardas e os ciganos. Era um pasmo... Eduarda, brusca, tomou-o por um braço.

— Vais buscar já o carro e esperas-me atrás da casa!

— Eu sou um trabalhador independente, a mim ninguém me dá ordens! — agastou-se o homem.

— Fazes já o que eu te digo ou parto-te essa merda toda!

Eduarda puxou-lhe a máquina e o pescoço do fotógrafo veio atrás, por força duma correia que a máquina tinha. A cara dela estava a ferver e, nos centímetros atmosféricos em volta do seu corpo, chispavam turbulências afogueadas que se notavam à vista desarmada. O tom de voz foi tão agudo e ríspido que vários microfones se voltaram para aquele lugar. O fotógrafo assustou-se, submeteu-se e desatou a correr, com a chave do automóvel na mão.

Daí a instantes, numa rua das traseiras da mansão, quando o bispo, ajudado do lado de dentro, já se equilibrava sobre o muro, recebeu uma inesperada ajuda de fora. Eduarda estendia-lhe o braço, sorrindo, convidativa.

— Venha, venha, senhor bispo. Acho que conseguimos despistá-los!

Apoiou como pôde a descida do bispo e apoderou-se dele. Ainda um velho caseiro se debruçava, ofegando, a querer facilitar, de mãos atiradas para diante, e já Eduarda introduzia o eclesiástico no carro do fotógrafo.

— Mas quem é a menina? — perguntava o bispo, em pânico, esfregando o fato do pó.

— Sou o seu anjo-da-guarda, não se preocupe — respondeu Eduarda, fazendo coro com o fotógrafo, numa grande risada. E assentou uma palmadinha cúmplice na mão do bispo.

— Eu estava a pensar ir para casa da minha mãe... — arriscou o eclesiástico, com timidez.

— Claro, aqui o meu motorista segue as indicações. Esteja tranquilo. O senhor bispo está salvo!

O bispo, ainda desconfiado, desaustinou contra a comunicação social e citou passos das Encíclicas de Pio IX, que fulminavam a liberdade de imprensa, esse deboche. Chegados a um cruzamento, lá explicou pormenorizadamente o caminho.

Depois, respirou fundo, da fadiga, ajeitou o braço que trazia ao peito e pediu licença para dormir (ele dizia: «para se concentrar») um pedacinho. Mas Eduarda já puxava da caneta e do bloco e perguntava, autoritária:

— Então e perna de cão, sabe a quê?

Agora há uma passagem muito rápida em que se contam uns pormenores relevantes que me convém despachar antes de rematar a primeira parte do livro. Daqui a bocado preciso de dirigir uma pequena interpelação ao Joel Strosse, e, até lá, não convém que fique nada por elucidar. Se não fosse abusar, até usava alíneas e limitava-me a substantivos. Mas, como costumo ficar incomodado das habilidades modernaças, armadas ao pingarelho, com que a minha concisão poderia confundir-se, forço-me, por disciplina, a debitar texto, embora escasso. Onde é que eu ia?

Ia na Eduarda que, aproveitando-se das vantagens da posição, violou as reservas do bispo, encheu-o de perguntas e, depois, até teve alguma dificuldade em fazê-lo calar, quando ele entrou naquelas partes — que já não interessavam — da relutância para com o seminário, em miúdo, e das partilhas da herança paterna com os irmãos emigrantes e de mau feitio. Entregue o bispo à mãe, ala para Lisboa a mata-cavalos, e foi o que o fotógrafo quis ouvir. *Vrrum!*

Eduarda trazia pelo menos vinte páginas do bloco escritas. Uma certa pessoa havia de ajudá-la a organizar o material e a corrigir a ortografia.

— Não, não, segue em frente para a Caparica!

— Essa agora! Eu que ia revelar as fotografias...

— 'Tá a andar!

126

Não há nada como as personalidades fortes para convencer as fracas. Não tardava, apeava-se Eduarda na Outra Banda, à porta de Jorge Matos, e despedia o fotógrafo sem mais aquelas.

Surpreendido em casa, indefeso, a matraquear a segunda página, ainda de rubricas, de uma outra peça, versando sobre as condições sociais da toxicodependência, Jorge lá abriu a porta, suspirou, mandou sentar, amuou e ouviu.

Às tantas, depois de Eduarda se ter espraiado, com gozo, sobre a entrevista ao bispo («um exclusivo!»), Jorge perguntou, com enfado:

— Isso de iludir a boa-fé do pobre homem não te parece um bocadinho... hediondo?

Eduarda pareceu rejubilar. Passou a mão pelo cabelo, sorriu, teve um meneio de corpo, a ponta da língua molhou-lhe os lábios, que sussurraram, provocantes:

— Quem me dera! — E, logo: — Ainda agora cheguei, e já a ser seduzida? Você é um amor.

Jorge, surpreso, olhou-a com muita atenção. Não havia ponta de ironia naquelas frases, nem naquele trejeito.

— Mas, Eduarda, o termo «hediondo» é pejorativo...

— Pejorativo?

— Vem do latim, *peius.*

— Ah, estes homens maduros, sempre com lisonjas... É assim que nos levam...

Urge agora considerar Joel Strosse, que deambula em redondo, na sua sala, de braços atrás das costas. Cremilde deitou-se, mal-humorada. A tarde tinha sido de discussões contínuas, mais temporãs que o costume, desatadas logo à beira da cadeia:

— Cuidado com a berma!

— Ainda não desististe de me ensinar a conduzir?

— Tu nunca mais aprendes.

Paragem. Rechino de travões. Fumo de pneus. Um ciclista a olhar, espantado...

— Vá, vá, conduz tu!

— Mas eu não tenho a carta...

— Aaaaah.

Esta discussão, infelizmente, não brilha pela originalidade. Fiz um traslado das objurgatórias que os casais da classe média, possuidores de automóvel, costumam trocar pelo menos dez vezes na vida. Acho que até há uma ópera sobre o assunto. Mas isso de óperas é com o Vitorino.

Convém dizer que o azedume de Cremilde saíra nessa tarde acrescentado, depois de ter sabido que Cláudio, por castigo, havia sido removido do coro da cadeia e que, só por grande favor, lhe haviam autorizado a visita nesse dia. As autoridades interpretaram desfavoravelmente uns gestos, uns objectos, umas palavras e uns projectos do jovem recluso. Cremilde fervia em rancor. Em todo o trajecto, ao jantar e ao serão, Joel ouviu das boas, antes que ela, enfim, se deitasse.

E agora passeava e passeia. E, vendo-o assim, desamparado, mais preso que os presos, encasulado naquelas paredes, pensando em turbilhão, mas sem pensar em nada, caminhando, caminhando, mas sem poder ir a parte alguma, eu condoo-me. Baixo a guarda, mudo de registo, vem-me até à ideia interpelá-lo e tratá-lo, por instantes fugazes, na segunda pessoa do singular.

Deslizo cá do meu Olimpo e instalo-me por ali, naquela sala pelintra, talvez junto ao canto superior esquerdo, encostado ao

128

tecto, do lado da empena, que é sítio azado para tudo ver, pese embora a mancha de humidade. É o que posso fazer, o gesto que está ao meu alcance, a minha solidariedade máxima... Apercebo-me de que é inútil querer chegar ao contacto de Joel Strosse. A minha voz não seria ouvida, as minhas mãos atravessá-lo-iam, como as de um fantasma. Naquela sala, nem desloco as partículas de poeira, nem faço que o ar desande, nem desvio a luz, nem descomponho as sombras. Tenho de limitar--me a perscrutar, a conjecturar, a espantar-me, sentindo-me, porém, mais próximo dele do que nesta frieza neutra de sentado à minha secretária. Joel existe, eu não. Com este estado de coisas me hei-de conformar.

Segunda parte

A segunda parte queria eu começá-la logo de rijo, e em festa. Tinha ensejado para este lugar uma vasta elipse, de proporções conformes aos estilos consabidos da Retórica e da Geometria. Mas, antes, arrebatou-me um escrúpulo cadastral de apontar, em sinopse, o que ocorreu no ínterim, com prejuízo da tal figura de estilo, que fica a dever à perfeição. Teria a vida facilitada se os acontecimentos houvessem evolucionado de molde a eu poder dizer como Camilo «decorreram dez meses sem sucesso digno de menção...», deixando o tempo, entretanto, a trabalhar para o romancista.

Mas o que aconteceu, aconteceu, e não lhe falta a sua pertinência. Conta-se em poucas penadas. A ex-mulher de Jorge Matos consorciou-se com um ortopedista famoso que também era reputado devorador de congressos e colaborador inveterado de revistas médicas. A filha Eufémia, informada de que o casamento correra pelo Registo Civil, enviou cartas, ora inflamadas, ora sentidas, lá das Áfricas e tomou, decididamente — não se sabe ainda se decisivamente — o partido do pai. Num rasgo de generosidade, ou indiferença, a senhora transferiu-se para casa do novo marido, na Lapa, e cedeu a Jorge o apartamento de Campo de Ourique, com a condição de ele prestar os condomínios em atraso e estimar um armário seiscentista, que havia de recolher qualquer dia. Eduarda Galvão deixou de comparecer na revista *Modelar* e foi muito ouvida a chasquear da publicação em lugares frequentados. Imprudentemente, o director despediu-a por carta, e Eduarda instaurou uma acção junto do foro competente por ausência de justa causa, com perspectiva de uma indemnização não sumptuosa mas agradável. Na *Reflex,* ela ia estando bem cotada. Foi a heroína do dia, quando o Patriarcado, numa nota ofendida e grave, deu a conhecer o seu desagrado sobre a notícia do bispo mordedor de cães. A *Reflex,* aliás, parecia prosperar. Desbordava de publicidade para as classes de A a C. («Um automóvel como outros? Não, este carro não consome combustível. Consome fantasia, etc., atmosfera irreal, não sei quê, etc.») Uma local de três linhas no *El País* considerava-a o melhor *digest* da península. Os responsáveis da revista não aspiravam a tanto e deu-lhes para a euforia. Foi a promissora Eduarda que mandaram ao Minho, entrevistar uma certa Agustina Bessa-Luís, de quem na altura se falava muito. Ela leu um terço de *A Sibila* no comboio e gostou muito do primeiro terço desse terço. O recluso Cláudio, «o nosso internado», segundo a terminologia do director de Pinheiro da Cruz, já era solista no coro da prisão e arranhava razoavelmente o *Magnificat* de Bach, em latim e tudo. E Joel Strosse? Joel lia as obras escolhidas de Lenine, nas *Éditions en Langues Étrangères de Moscou,* actualizadas pelo vademeco *Ça ira!* e tomava notas esmiuçadinhas. Fazia insistentes telefonemas a Jorge, os mais a fingir que era só para conversar, outros de obstinação aberta, naquela vontade de militância. Comprara um *dossier* vermelho para recortes de jornais. E não perdia um comício do Partido, com autocolantes, bandeiras e entusiasmo. Cremilde prescindia de arroubos políticos. Aliás, estava muito reaccionária. E viera-lhe agora a tineta de se mudar para Grândola para ficar mais perto do filho. Joel não a desencorajou.

Estamos situados? Pois é neste enquadramento que os convido para um certo restaurante da Graça, aproximado à Rua das Beatas, não longe da Vila Bertha, onde, pelas dez da noite, já se fabrica uma musicalidade, por ora de vozearias, arrastar de cadeiras e tilintim de copos, que faz desconfiar os vizinhos, quase todos reformados e madrugadores de velhos. Isto merece a sua pincelada, arrenegando daquele célebre teórico que mandava galgar as descrições.

Descia-se da Graça para a Senhora da Glória e encontrava-se uma reentrância, de empedrado mais largo, não menos escorregadio, onde, habitualmente, nas sombras côncavas, estacionavam uns vultos que era bom não encarar. Passava-se uma porta de madeira, outra e, não raro, voltava-se atrás porque o restaurante não era facilmente discernível. Aposto que se o leitor o procurar não o encontrará sem a minha ajuda. Era preciso assestar bem o olhar para distinguir a entrada, ao rés duma montra minúscula, forrada a papel translúcido até meia altura, e de um anúncio vertical, embutido na parede, com vidro de protecção, tão encardido que já nem reflexo dava. O que lá estava escrito antes, em letras douradas de estilo arte-novista, sei-o de ouvir dizer, porque ver já não se vê nada. Era o Solar do Macedo. Se se acrescentar, como referência, a cavidade esboroada duma boca-de-incêndio, à mão direita, é mais fácil dar com ele.

O Solar do Macedo tinha sido comprado por uma sociedade outorgada por dois advogados, um economista, um engenheiro e um pintor, que eram muito propiciados à confraternização. A finalidade societária não era o lucro, mas o entretenimento. A sociedade lá se foi aguentando, durante um ano, até à inevitável falência. Se aos almoços ainda se serviam uns cozidos e uns bacalhaus à Brás a uma caterva de bancários e lojistas moderadamente exigentes, à noite, era um pasmo: dois ou três bêbedos do bairro ao balcão, a discutir matérias mirabolantes («Quand'a lua tá munto brilhante, tás a ver?, pega fogo às coisas. Olha a casa qu'ardeu, aquela ali ó Miradouro, que era dum rapaz que era o João, que era sapateiro... A casa tava toda enluarada qu'aquilo nem tem explicação e, prontos!» «Ná, nessa não vou eu. Tás a...» «É pá, toda à gente no bairro sabe, catano, pergunta ó Ambrósio, pá, era a lua a brilhar, a brilhar e a casa que estava debaixo, zás, logo a arder...») e, nisto, sorumbático, um casal qualquer numa mesa, de televisor posto nos olhos, a fazer horas para a deita.

Mas em certas quintas-feiras era diferente. O restaurante transfigurava-se, enchia, e dizer que animava é dizer pouco. Os bêbedos, escorraçados, iam filosofar para outro lado e davam lugar a uma clientela muito peculiar, que ia arribando ao longo da noite e que, só depois de passada a porta, com o pendurar dos abafos, alijava também a gravidade e a compostura de classe média que eram seu ordinário.

O objectivo do trespasse do restaurante, se não era propriamente fazer dinheiro, também não seria mantê-lo. Tratava-se de espatifar uns capitais supérfluos, para que, à noite, em local mais ou menos típico, confraternizassem os amigos e os amigos destes. E enquanto o contabilista não se impôs — tarde de mais! — e não chamou a atenção da alegre sociedade para os exageros na coluna dos débitos, foi havendo convívios, suscitados por uma cadeia de telefonemas que, naqueles dias, não se sabe com que critério, fazia abarrotar o sítio. Os novos proprietários deixaram ficar tudo quase exactamente como antes. Investimentos e renovação não houve. Aquilo era para gastar. E, até sobrarem as complicações contabilísticas e burocráticas, deu algum gozo aos titulares e a muitos mais.

Um cidadão desprevenido que por ali entrasse, pedindo-se-lhe um comentário desapaixonado, não deixaria de dizer que o Solar do Macedo era uma tasca infecta. E teria razão. Essa era de resto a opinião geral dos frequentadores das quintas-feiras, a quem a sordidez e a pobreza do local agradavam sobremaneira. Eles estavam fartos de bifes, queriam era peixe frito; estavam fartos de *Periquita,* queriam era tintol, mesmo com um picozinho; estavam fartos de napas almofadadas, queriam era cadeiras de pau, ou bancos com um buraquinho redondo de enfiar o dedo. Estavam fartos? Julgavam que estavam. Qualquer deles sofreria um indignado desgosto se o obrigassem a almoçar todos os dias no Solar... por oitocentos escudos.

O espaço formava um corredor, largo de três metros, com um balcão do lado esquerdo a quase todo o comprimento, que não era pequeno. À direita, muito apertadas, cinco ou seis mesas de pau — duas delas originárias — e cadeiras e bancos bastantes para uma plena ocupação. Até meia altura, na parede livre, deste lado, trepava uma cobertura de azulejos castanhos, tão engordurados que admitiam outros desenhos de fantasia, a dedo, ao lado dos lírios relevados que o fabricante tinha implantado. Essa refulgência de brilhos era rematada em cima por uma fiada de pequenos ladrilhos verdes, obviamente posteriores, porque alguns deles tinham sido usados para suprir falhas, aqui e além. Na parede, outrora caiada, ao lado duma fresta tripla, emaranhada de teias de aranha, pendia duns intermináveis cordões, suspensos dum camarão, o retrato oval de um senhor robusto, de bigode, colete e relógio de corrente, que olhava cá para baixo, satisfeito, se bem que os bolores esbranquiçados que o rodeavam o devessem antes incomodar. Não era o fundador do restaurante (esse figurava na parede oposta, entre garrafas, no meio duma fotografia dum grupo excursionista, na hora da partida para um piquenique em Bucelas, em tempos remotos), mas o tetravô dum dos sócios actuais, que havia sido removido duma casa de praia com o propósito de «conferir mais ambiente» ao Solar...

Ao fundo, uma portinhola aberta na parede — parecia que à marretada, tão escalavrada se mostrava — dava para um espaço ladrilhado de preto e branco, donde saíam vapores e que, sem qualquer discordância, todos consideravam a cozinha. O chão era de laje e o balcão de pedra lioz, muito rachada e zebrada de riscos ancestrais. O tampo de zinco, glorioso, já levantado nas juntas, fora argumento capital para convencer os adquirentes. Também influíram na ponderação uns candeeiros de vidro da Marinha Grande, redondos, grossos, azulados, com umas espirais ainda mais azuis e um tanto irregulares, que se suspendiam do tecto abobadado por uns suportes de metal incrivelmente compridos e delgados. Não davam luz suficiente. Tinham de ser complementados por duas barras fluorescentes, quase pegadas às prateleiras das garrafas.

Ao lado da máquina de café, marca *Cimbalino,* sobre o balcão, rente à montra, penava um Santo António de marfim velho numa redoma, aplicada em base de madeira, onde jaziam restos de flores secas. O Santo António tinha a mão livre decepada, o que mais o valorizava, por o julgarem vítima do vandalismo dos franceses, a quem deu a tineta de desmembrar metade dos nossos santos domésticos, numa fúria maníaca difícil de explicar. Tão valiosa era a imagem que tiveram de a recuperar duas vezes na Feira da Ladra, com a ajuda da autoridade e respectiva argumentação.

A marca da máquina de café era motivo frequente de discussões entre os bêbedos do bairro que ali passavam as noites. Eram capazes de estar horas a altercar, numa escorrência colorida de argumentos e desenleio de gestos, sem que a nenhum ocorresse desviar os olhos para ler as letras douradas que, bem à vista, rezavam inequivocamente *Cimbalino.* Mas, se isso por milagre acontecesse, era mais que provável que um outro encolhesse os ombros, cuspinhasse e dissesse: «Eu sei lá se mandaram pôr essas letras aí pra enganar o pagode? As letras são uma coisa, a máquina propriamente dita é automaticamente outra coisa. Cá pra mim, aquilo é marca *Anion,* òvistes, uma marca turca munta boa.» E seguia a controvérsia, que dava, pelo menos, para um serão inteiro.

Mas hoje os bêbedos locais foram discutir para outra freguesia. Estamos em Fevereiro, há chuviscos cá fora, mão previdente espalhou serradura no chão, cabides e cadeiras estão cobertos de abafos, e o fumo dos cigarros escorraça os odores a mofo gordurento que costumam tomar conta da casa quando ela está menos frequentada. As mesas foram dispostas em linha, convivialmente. Nem todos os comensais couberam, de maneira que alguns se equilibram nos bancos do bar, que são de ferro, altos, instáveis e desencorajadores da alcoolemia. É uma ruidosa confraternização. Todos falajam e estão alegres, excepto uma adolescente de dezasseis anos que foi convencida pelos pais e que, desesperadamente arrependida, resolveu amuar e fazer trejeitos agastados e muito irritantes. Lá ao canto do fundo, entre o buraco da cozinha e a porta lateral que dá para os lavabos turcos, há uma guitarra encostada, no seu estojo de couro. Felizmente, esta noite, por esquecimento, não chegará a ser dedilhada.

Ao bruaá que vem de dentro, as ratazanas das sarjetas passam de largo na rua, mais rápidas, em passo fugidio e muito lãzudo. De vez em quando, uma cara nocturna tenta espreitar pelo vidro da montra. Dois velhos pararam, produziram observações desprimorosas e foram descendo a ladeira a resmungar, ofendidos com a alegria dos outros e com os automóveis em cima dos passeios, já de si escassos.

O empregado da casa, um rapazote de cabelo muito espigado, de camisa às riscas vermelhas, que tanto poderia oficiar ali como na estiva ou no bingo, ia distribuindo grandes travessas de bacalhau com grelos, aos berros de «mais uma!», no que era ajudado pelos comensais: «Sai outra!» O vinho tinto, em canjirões de barro decorado a amarelo, com aplicações de chumbo altamente cancerígenas, já tinha, por esta hora, feito os seus estragos e euforizado alguns semblantes e alguns gestos. Era uma horrenda zurrapa, mas que ali, convencionalmente, ganhava foros do «tinto-da-casa-como-se-não-encontra-noutro-lugar,-vindo-especialmente-dum-armazém-de-Palmela».

Alguém havia posto a correr o boato de que era vinho de missa, do que serviam à mesa do cardeal patriarca. E, como aquela confraria estava por tudo, estava também por isto, muito disposta a que lhe impingissem vitualhas que noutro lado qualquer seriam vilipendiadas no livro de reclamações, com palavras agrestes e presença da Inspecção.

Saboreava-se, pois, convivia-se, galhofava-se, ria-se e conversava-se. Começando pela cabeceira de cá, mais junto da porta e captando as falas ao correr das mesas, em direcção à cozinha, podia ir-se ouvindo o seguinte:

— Não, não, isso é o que dizem! É um cão magnífico, minha querida. Pomos-lhe o neto às cavalitas, abana o rabo e leva-o para todo o lado. Com estranhos é diferente... Mas temos seguro, claro.

— Nunca mais te fazes velho, pá!

— Ná, eu só faço envelhecer os outros!

— O Matoso, coitado...

— Claro, era só cigarrinho... maus uísques...

— E o Adérito, pá, que em menos de nada já tinha a próstata do tamanho dum melão?

— Aquela gaiata que agora anda com o Mateus põe tanta pintura, que o tipo até tem medo de espirrar pra não esborratar aquilo.

— Eu pus logo o gajo em sentido: ó meu amigo, olhe que a mim ninguém me trata assim, ouviu?

— Pois está! É paranóia, filha, eu acho que aquilo já é paranóia... Eu disse-lhe, muito a tempo: Catarina, toma cuidado contigo, olha que isto na nossa idade começa a acelerar, já é altura de te arrumares, querida, mas...

— A menina ponha-se direita e tenha compostura. Já viu a figura que está a fazer, já? Ao menos respeite os mais velhos!

— Ah, cá está uma bacalhauzada divinal.

— Divinal, isto? Tu já foste à Pousada de Serpa, pá? Já comeste a açorda de bacalhau dos gajos, hã? Ah, então não me venhas cá com histórias.

— E tu outra vez a dar-lhe com o John Ford! Há vinte anos que eu te venho dizendo, pá. Aquilo são personagens de banda desenhada, sem espessura, pá!

— É teimosia. É irremediável! Este gajo nunca mais se convence. Não percebe nada de cinema, nada!

— Vá, enche aí o copo, que lá dentro há mais. Tem um picozinho mas ainda se bebe...

— Ó filha, deixa-me lá à vontade. Ao menos por esta vez. Depois conduzes tu, está bem?

— E quando o Jenaca convenceu o polícia a empurrar-lhe o carro?

— Acho que é aquela doença, de Parkinson...

— Alzheimer.

— Ah, pois, essas merdas. Coitada, ficou assim...

— O Eduardo anda a escrever cada vez pior! Datado, minha querida! Datado e arrumado!

— Já falaste no Strosse, lá em baixo?

— Onde?

— Na Casa Grande, pá!

— Ah, o Strosse...

Era aqui que eu queria chegar, perto do ângulo oposto da mesa, num ponto onde se via a lufa-lufa dos cozinheiros pela portinhola da cozinha e aonde as iguarias acudiam mais cedo,

precedidas dos respectivos olores. Custou a percorrer a distân-
cia, à custa de ouvir muita faladura despicienda e de muito
encontrão. Jorge Matos e Vitorino Nunes, em sussurro, debru-
çados um para o outro, conversam circunspectamente, ao
recato, sob uma abóbada muito baixa de alaridos.

— Vê-me lá isso, pá!

— Está descansado, vou tentar outra vez.

— Oh, Nunes — gritavam do meio da mesa —, afinfa-lhe
com a do Papageno!

Mas já uma voz de baixo subia no espaço e os retalhos de
conversa decaíam molemente. Ia chegando a hora das canções:
Eu já estava de abalada / meu amor para te ver. E o coro a acompanhar, quatro ou cinco vozes adiantando-se. Logo, todas à
uma, num ribombo: *Armou-se uma travoada / e depois deu em
chover...* E imitavam os sotaques e os idiotismos do Alentejo.

Vitorino Nunes bem tentara apresentar a candidatura de
Joel Strosse ao PCP, ainda nesse Verão, mas não tinha sido bem-
-sucedido. Chegara atrasado a uma reunião alargada, muito
ofegante, e sentara-se logo, porque, com aquela mania da pontualidade, própria da casa, eles já iam alongados na ordem dos
trabalhos. Verificou com consternação que estava no uso da
palavra o camarada Baptista e logo esmoreceu, a fazer bonecos
sorumbáticos numa folha.

Júlio Baptista era um falador compulsivo, muito temido, e,
com a idade, o pendor agravava-se-lhe. Alertado mais pelas
reacções alheias que pela autocrítica, já suspeitava dos seus impulsos e forcejava por conter-se, antes de intervir. Deixava que
outros se pronunciassem, fazia uns trejeitos esquisitos com os

ombros, procurava manter as mãos ocupadas a enredar bone-
quitos de papel, e as feições tornavam-se-lhe infixas, movediças,
como se se lhe concentrasse na cara uma colecção de tiques. Depois, a medo, insinuava uma mão frouxa a pedir a palavra e
logo a recolhia, quase envergonhado. Daí a nada, aproveitando
uma aberta, estendia a mesma mão espalmada e dizia, hesitante,
muito a medo: «São só duas palavras para um pequeno esclarecimento, muito rápido.» Descia uma sombra funesta sobre as
faces dos circunstantes, que olhavam todos para o mesmo
ponto imaginário, fincado no centro da mesa de reuniões.
E, quando ia já a prestar o esclarecimentozinho, Júlio reparava
com ansiedade que, por sua vez, o esclarecimento também
precisava de ser esclarecido. Logo o tomava o medo de que, por
falta de rigor, o não acreditassem, de maneira que acrescentava
todas as precisões de tempo, lugar e modo que lhe ocorriam.
Mas o tempo, lugar e modo têm as suas particularidades, um
antes e um depois, um perto e um longe, um seco e um molhado, um limpo e um sujo, um preto e um branco, um rápido e
um lento... Havia que escolher de entre todas as alternativas a
mais verdadeira, que só valia sendo bem circunstanciada, com
tempo, lugar e modo. E, se não acreditassem na palavra dele, lá
estavam Fulano e Beltrano a confirmar. E, se esses não se recor-
dassem, ele avivava as memórias, lembrando o fato castanho
de um e a exclamação «ele há cada uma!» de outro, que, aliás,
tinha proferido num sítio muito determinado, que era... mesmo
junto a... logo a seguir a... até vinha passando F... o qual se acer-
cou e disse... ao que lhe respondera... e até passou o comboio
das nove e... E, quanto mais discorria, mais assustado ficava Júlio.
Ao receio de que não tivesse sido suficientemente rigoroso e

persuasivo, acrescia a consciência de que estava a maçar, de maneira que passava a intercalar um «eu acabo já, é só mais um instante» de dez em dez segundos, e começava a exprimir-se cada vez mais depressa. Mas então sobrevinha a sensação de que todos se haviam já esquecido do que tinha dito em primeiro lugar e apressava-se a repeti-lo, de forma mais enfática, acontecendo que lhe ocorriam entretanto diversos pormenores que enriqueciam a história. E aproveitava a ocasião para corrigir alguns particulares que tinham sido mal contados.

Quem o conhecesse, sabia não valer a pena interrompê-lo, mesmo usando artes cortesãs ou rudezas militares. Interpelado a meio do discurso, calar-se-ia, humildemente. Mas, enquanto esperava, os sinais de inquietação multiplicavam-se-lhe na face, e aqueles esgares tornavam-se insuportáveis a quem o olhasse. E, ao retomar a palavra, logo na primeira oportunidade, faria tábua rasa de tudo quanto entretanto se dissesse e regressaria ao seu próprio discurso anterior, completando-o com os pormenores que, enquanto aguardava, a sua tumultuosa memória desencantara.

No Partido, já ninguém o encarregava de telefonar a dar recados ou a marcar reuniões. Ele ficava a falar durante uma hora e, entre cumprimentos, explicações, causas, consequências, histórias, comentários, projecções e despedidas, acabava sempre por esquecer-se da razão do telefonema.

Na reunião de que se trata, subordinada ao tema «O Partido, as políticas de educação e o momento político», estariam presentes umas vinte pessoas. Quatro ou cinco aproveitaram o discurso de Júlio para se esgueirarem. As restantes emergiram da pose recolhida, tolhida, vagamente hipnótica em que se concentravam, como monges budistas, quando um salvador exclamou, jovialmente: «Já são oito horas!» Era batota! Faltavam cinco minutos. Mas logo estralejou uma restolhada de papéis a serem recolhidos e pastas a serem fechadas. Em algumas caras brilharam sorrisos.

Júlio Baptista ficou desconcertado. Reagiu, falando mais e mais, numa ânsia inglória de dar remate ao discurso. Os circunstantes iam-no abandonando. Despediam-se. Daí a pouco, apenas restava por dever de ofício a funcionária do Partido, a sacrificada Vera Quitério, que amarrotava papéis e despejava cinzeiros, e a quem Júlio continuava a inculcar a sua discorrência. Vitorino Nunes, ao lado, hesitante, bem tentava encontrar ocasião de comunicar à funcionária que uma certa pessoa desejava inscrever-se no Partido. Fazia acenos de ponta dos dedos, tossicava, mas ela, moita-carrasco. Júlio, vendo-o ali parado, considerava-o interessado na conversação e dirigia-lhe também alguns gestos e algumas frases. A funcionária lá proferiu, enfim, umas palavras vagas e concordantes, disse «pois, era bom que trocássemos umas ideias sobre o assunto», deixou uma carícia sorridente na cara de Júlio Baptista e deslizou pela porta fora. Quando Vitorino saiu para o corredor, já ela se havia fechado noutra sala, subtilmente. E ele tinha agora na sua frente o Júlio Baptista, que lhe perguntava, humilde, numa ansiedade de fazer dó: «Mas, diz, estás de acordo comigo, ou não? É que é preciso irmos ao âmago da questão, percebes?»

E assim ficou Joel Strosse sem despacho.

O coro alentejano condescendera em dar o lugar aos cantares do Norte. Para o final, já ia muito arrastado, peganhento e

torcido na letra e na música. Em frémitos de cabeças risonha-
mente sacudidas, estalavam agora nos ares os acordes vivazes
de Atirei com uma azeitona / à janela do Morgado...

Jorge Matos terminou, pouco convicto, uma estrofe, limpou
os beiços ao guardanapo e debruçou-se de novo para Vitorino.

— Estes atrasos, estas complicações burocráticas só dão
mau nome ao Partido, bem vês...

— Mas eu estou a dizer-te que me fartei de tentar. Ainda
outro dia falei com a funcionária e ela tomou nota.

— Mas disseste bem o nome? Joel Strosse Neves?

— Bolas, também não sou atrasadinho, homem! Então eu
não conheço o Joel Strosse? — E, com um ar aborrecido, começou a trautear, baixinho, a ária do Papageno.

— Podias ao menos estar calado com essa do Papageno...
Não vês que estão a cantar outras coisas?

Vitorino Nunes, muito encabulado, modelou minuciosamente uma bolinha de pão na ponta dos dedos. Admitia, no
íntimo, que era irritante estar a trautear uma ária quando toda
a sala, a plenos pulmões, menos plena afinação, assassinava
uma moda tradicional. Também não sentia a consciência
muito tranquila quanto às aspirações do Strosse. Podia ter-se
esforçado mais... Considerava a hipótese de pedir desculpa,
quando o sujeito do lado parou de cantar e se lhe dirigiu:

— Joel Strosse? Você estava a falar do Joel Strosse Neves,
um que andou em Direito e em Letras, trabalhou na Direcção-
-Geral do Ordenamento e namorou uma Marília que era poetisa e depois acabou por se casar com uma Cremilde que era
assistente social?

— Sim, acho que é o mesmo.

Jorge Matos interessou-se, engoliu uma garfada à pressa, fez uma careta porque os grelos tinham areia, e entrou, curioso, naquele reduto, uma espécie de bolha protectora, imune à cantoria que arrepanhava os ares (Água leva o regadinho / água leva o regador...)

O interpelante, de voz cavernosa, era um fulano muito magro, escuro, de barba curta, grisalha, cujos pêlos crespos se enrolavam para dentro no cavo das faces. Uma malformação nas costas obrigava-o a falar para um lado enquanto estava inclinado para outro. Parecia um septuagenário, mas regulava pela mesma idade dos presentes. As feições dele exprimiam sempre uma espécie de rancor desenganado do mundo. Professor de Grego, agora aposentado por invalidez, conservava o vezo sobranceiro e didáctico. Vestia um casaco de loja de fanqueiro, às espinhas cinzentas, muito esgarçado nos cotovelos. À puridade, contavam que era muito rico, herdeiro solitário de vastas extensões de sobro, boa cortiça, para os lados de Coruche, apesar de, à primeira vista, dar a impressão que vivia numa caixa de cartão, num dos corredores do Metro. Aquele mal nas costas que já o afligia em estudante tinha-se agravado desde que um médico amigo lhe havia recomendado exercícios de ioga que implicavam longas permanências meditantes de cabeça a rasar o chão e pés apontados aos candeeiros. A voz rouquejante, grave, de baixo, como deixasse de acompanhar a canção, parecia que a havia libertado e soltado no ar, e as águas ancestrais nos regadinhos minhotos corriam agora mais solertes. Dirigindo-se a Vitorino Nunes, as comissuras da boca distendiam-se, indiciando um sarcasmo que lhe ia bem com o aspecto geral.

148

— Estamos a falar do mesmo Strosse, ou não?

— Sim, pela descrição... — assentiu Vitorino, um tanto intimidado.

Severo, coçando com um dedo a toalha da mesa, o professor de Grego contou que, em 1977 ou 78, em mês que já não conseguia precisar, seguia por uma rua de Benfica, não longe do Califa, mais concretamente ao pé do Ferro de Engomar, e viu Joel Strosse a caminhar do outro lado do asfalto um pouco à sua frente. Apressou o passo para atravessar a rua e cumprimentá-lo, mas o sinal vermelho brilhou e teve de aguardar na passadeira. Não é então que Joel Strosse parou, olhou para um lado e para o outro e arrancou com fúria um cartaz do PCP que estava numa parede?

Houve naqueles três um silêncio meditativo, muito privativo só deles, quando toda a sala berrava agora estrofes brejeiras: (O'nha mãe, o que é aquilo / qu'está além atrás da lenha...?)

— Podia ser por questões de ecologia... — arriscou Jorge Matos.

O professor considerou Jorge Matos com uma desconfiança altiva, revolveu os olhos e cofiou a barba, como se quisesse dizer: «Não era bem com o meu amigo que eu estava a falar.» Mas rosnou, respondendo, sem o fitar:

— Ecologia? Em 1978?

Vitorino Nunes também acudiu ao prestígio de Joel Strosse, para ser logo a seguir repelido:

— Se calhar queria levar o cartaz para casa, para a colecção.

— Qual quê?! Vi com estes que a terra há-de comer. Arrancou-o com um gesto brusco, danado, rasgou-o com raiva e enfiou os restos num caixote de lixo.

Os olhos do professor exorbitavam. A boca crispava-se-lhe com a irritação. Os dois amigos estavam estarrecidos, gelados, enquanto o outro continuava. Pelo franzir dos lábios, parecia dar-lhe agora certo gozo saborear o espanto daqueles dois.

— Nem me aproximei! Segui o meu caminho e pensei: «Safa! Que grande reaça!» Há tipos assim: deram em reaças, pronto!

E o professor roía uma fatia de queijo seco, abanando, desconsolado, a cabeça. Era um epílogo. Nesse momento, como se aquilo fosse um sinal, a lengalenga do regadinho terminou, emergiram as risadas, os dichotes e os começos de canções à toa, desencontrados e interrompidos, por falta de memória ou de vontade. Era meia-noite e tal. O casal de cozinheiros, deixadas as batas e os barretes em qualquer prego da cozinha, foi saindo, por entre os grupos, pedindo licença aqui e além, pouco disposto a dar confiança. Alguém reclamou uma salva de palmas, mas, mesmo assim, mantiveram a sisudez e o ar de enfado, completamente indiferentes ao triunfo. Aliás, não eram bons cozinheiros, sequer sofríveis, e não mereciam a ovação. Ala para fora, bruscamente, sem sequer cumprimentar. Já calculavam que a sua reclamação de horas extraordinárias havia de dar em nada.

Os ágapes cumpriam sempre o mesmo programa. Quem vinha ia-se chegando, cumprimentava ruidosamente, instalava-se, atirava ou colhia umas frases de circunstância, contava ou ouvia umas historietas iguais às da semana passada ou às de quinze dias antes, porque os frequentadores já estavam numa idade em que os ditos se repetem muito, e sem se dar por isso.

De início, a todos apoquentava a suspeita — resultante de muitos anos de experiência da vida que costuma frustrar todas as expectativas — de que o jantar daquela noite não iria correr tão bem como os anteriores. Mas a verdade é que, enquanto duraram, as confraternizações no Solar do Macedo foram sempre gratificantes, do ponto de vista de quem participava. E isto, precisamente, porque os gestos, as palavras, as canções e os modos ou se repetiam, tranquilizadoramente, ou encontravam, de quinzena para quinzena, equivalências que sustentavam sempre o mesmo modelo.

Não havia nenhuma boa razão para o jantar de hoje ser diferente, lá por eu estar a falar dele. Que importa se, uma quinzena atrás, em vez da adolescente rabugenta que olha em torno com furores homicidas, cirandavam por debaixo das mesas, em grande grita, os netos de um dos casais, ou se numa quinta-feira qualquer a mãe de uma das senhoras — levada para ali independentemente da sua vontade — sofrera uma baixa de tensão que obrigara à intervenção circunspecta dum dos médicos presentes? Aquilo acabava por ser sempre a mesma coisa, e ainda bem para todos.

Neste instante, devorados os pudins Molotov e as musses de chocolate, chegados à fase dos uísques, ou dos conhaques, os circunstantes já não conseguiam coordenar as vozes para um coro. Levantar-se esganiços, levantavam-se, mas todas as solidariedades soçobravam. Chegara a altura das actuações individuais, prenunciada por risadas muito altas, gesticulações abertas e chamamentos. De ordinário, alguém cantava um fado como *Há Festa na Mouraria,* a *História de Portugal,* ou *O Embuçado,* ou declamava a arenga da inauguração do «chafariz que, ao mais pequeno toque, jorra água por todos os lados», ou contava a interminável anedota do «Velho Gedeão que a luz do sol ver jamais conseguiu». Hoje, um dos advogados presentes foi-se erguendo, equilibrou-se bem com uma das mãos sobre a mesa, porque aquele chão estava esquisitamente oscilante, e levantou a outra pedindo silêncio, que lhe foi concedido, após repressão dos dois cinéfilos que, raivosamente, se agrediam com Frank Capra de um lado e Lubitsch do outro.

E a voz forte, acostumada aos espaços do foro (pelo menos aos que lhe traçam as imaginações populares ou aliteratadas), lançou uma canção — suponho que de origem coimbrã, porque é em Coimbra que costumam nascer estas preciosidades... — consistente apenas de um verso, repetido até à exaustão: «Pegou na lancheira e foi levar o almoço ao pai.» Excelente exercício e *accipit* magnífico para um romance neo-realista...

Este verso foi ali remexido, virado do avesso e entoado em todas as variações possíveis, como se os presentes fizessem questão de esgotar uma infinidade de potencialidades expressivas. Todos lhe achavam mais graça do que à consabida lengalenga de «A Guarda Republicana, a Guarda Republicana, a Guarda Republicana...» que, não raro, entretinha uma parte destes serões. Desde o fado vadio até à ária do *Toreador,* desde a *Erva-Cidreira* até ao *Summertime,* tudo serviu para musicar o verso do rapazinho da lancheira. Até vir a cansar.

Já algumas mãos desacertadas remexiam nos montes dos abafos, por cima dos bancos, e os que tinham mais jeito para contas faziam circular os pires de plástico onde cada casal deitava as suas notas. A canção, de fatigada, ia morrendo. Uma altercação rebentou a meio da mesa, rezinguice tardia, serôdia, sem futuro. Nada de grave. Um sujeito, que era meteorologista, bradava, sem qualquer provocação, umas frases contra o governo, verberava a compra de aviões e de barcos que valiam dezenas de escolas, hospitais e creches, e lamentava-se, comovido, sobre o envilecimento do país, em geral. Um coronel amparava-o e evitava que a largueza excessiva dos gestos o precipitasse no chão, a ele, ou a alguma louça de vidro arrepanhada pelos entusiasmos. O coronel não estava muito de acordo com aquilo dos aviões e das escolas, mas contemporizava com o estado do amigo e tentava, brandamente, levá-lo para o ar fresco.

Não sei se foi daquela porta que se ia abrindo e fechando cada vez com maior frequência, mas a sala, de repente, arrefeceu. Perpassou um arrepio geral e todos sentiram, simultaneamente, a necessidade de sair, quase de atropelo. Restou um pequeno grupo, que ainda tinha muito que conversar até ao nascer da aurora, que não nasce em Lisboa, nasce lá fora, e que, no cabo da madrugada, havia de ser prenunciada pelo aparecimento dum padeiro dos antigos, ainda com a sua bicicleta e os seus cestos de vime. Esses estavam prontos para discutir o que quer que fosse, embora tivessem muito poucas novidades para dar. Talvez algum se lembrasse de dedilhar a guitarra. Duvido. Tirá-la do estojo, afiná-la, fazer um esforço de concentração, dava muito trabalho. Antes se conversasse! Má-língua e filosofia...

Iam os grupos em ruído pela rua, cada qual a caminho do seu automóvel, nem sempre com desejável compostura, quando Jorge Matos perguntou a Vitorino:

— Dás-me boleia até casa? O meu carro tem uma biela...

— Mas tu não sabes que eu não conduzo?

— Eu levo-os, levo-os aos dois. Pronto. Não se discute mais!

Quem fazia o oferecimento era o professor de Grego, que vinha um pouco atrás, embrulhado num sobretudo amarelo e num cachecol azul. Os sapatos dele rangiam, estridentes, no pavimento rugoso. Considerado o estado de sobriedade do outro, que não bebia álcool por causa da úlcera, ambos aceitaram a liberalidade. E seguiram-no.

Agora reparo que há muito tempo não falo do Joel Strosse propriamente dito, que eu quis que fosse personagem capital nesta história e que tem sido sobremaneira negligenciado. Por onde andava ele?

Regressado à Fundação, Joel estava a adaptar-se às novas funções de bibliotecário e, pela má vontade que se lhe via no semblante e nos gestos, iria ser uma adaptação difícil, muito capaz de demorar alguns anos. Mostrava-se trombudo, miudinho, vidrento e implicativo. Não havia nada que fazer ali. Em oito dias, tinha respondido apenas à carta do conselho directivo duma escola, que pedia livros, informando — por palavras relativamente correctas, embora sibilinas — que a biblioteca da Fundação não era um centro de caridade cultural.

Nem era isso, nem era grande coisa, vendo bem. Eu vou agora explicar como se dispunha a biblioteca, mas não dissertarei sobre labirintos e serei muito seco e desmunido de alegorias.

O lendário Helmut Tchang Gomes, de genealogia plurinacional e descendência multilingue, havia legado, por laborioso testamento, os seus livros à Fundação, com excepção de um de medicina oriental que deixou a um sobrinho que muito amava

154

e pareceu não lhe ter ficado muito agradecido. As várias edições das Obras Completas de Júlio Dinis e de Camilo Castelo Branco que ele durante a vida tinha procurado a peso de oiro em todos os alfarrabistas recobriam uma parede inteira, encadernadas de carneiras de cor viva. Júlio Dinis em azul, Camilo em vermelho. Na outra parede dominava, também em sumptuosa encadernação, uma obra chamada *O Almanaque de Todos os Segredos*, que se espraiava por uns bons vinte volumes, acima duma rija enciclopédia espanhola, de lombada austera de negrura, a que faltava o tomo XXVIII, G/H, por causa de uma requisição malparada. Incluía verbetes muito circunstanciados e descritivos, que Joel Strosse, às vezes, ao acaso, lia por desfastio. A rubrica sobre a ilha da Páscoa, por exemplo, mencionava o número de vezes que a ilha desaparecera dos mapas. Infelizmente, em vez de apelar às qualidades mágicas do sítio, propícias a deslizes para o Além, denunciava os erros de cálculo dos capitães anunciadores da catástrofe, autores de diários de bordo que, em certas laudas, apresentavam manchas arroxeadas e suspeitas, não faltando uma em forma de argola, indiciadora dum fundo de copo dado à divagação.

O espólio literário de Helmut Tchang consistia nisto, e havemos de convir que já não era pouco, se formos a comparações. É problemático que o ilustre Tchang tenha lido todas aquelas edições. A memória nunca lhe faltou e não lhe escaparia o facto de, nos autores antologiados, as versões ulteriores serem exactamente iguais às anteriores, descontando os erros tipográficos. De maneira que é possível interpretar esta acumulação de edições mais como uma propensão, aliás modesta, para o coleccionismo, do que como uma avidez de leitura. Tanto assim que as folhas mostravam ainda um brilho de intocadas e defendiam-se com uma rigidez estalada, pudica.

Já, pelo contrário, *O Almanaque...*, cuidadosamente encadernado durante anos a fio, revelava sinais de abundante manuseio, com algumas páginas dobradas e sublinhados a tintas de diversas cores, sem falar dos desenhos de pássaros, muito toscos, que surpreendiam aqui e além, mesmo por cima da gravura duma *Samaritana Junto ao Poço de Jacob,* ou duns *Árabes Aprestando-se para a Guerra.*

Numa outra estante, abundavam as edições de autor, ofertas de esperançosos plumitivos, que enviavam as suas obras para a Fundação, julgando que logravam alguma vantagem disso. Havia de tudo: poemas, monografias, novelas e romances. Algumas das brochuras estavam autografadas e, ao correr de palavras simpáticas, pediam «o favor de uma opinião». O acervo dava para encher seis prateleiras compridas, sob a tutela e a espessura de um quadro a óleo, vasto, valioso e sombrio, com *A Caçada do Malhadeiro* como tema, apenas discernível pela legenda que figurava na moldura em cartela dourada.

Numa reentrância abaulada, fixavam-se em redondo as prateleiras das revistas, a secção mais abundante e multicor da biblioteca. Ali se agrupavam, arrumadas em escaparates Altamira, exemplares de quase todas as publicações do país, desde *Mamãs e Bebés* até à *Economia Prática e Pós-Moderna.* A tarefa que ocupava predominantemente as duas funcionárias da secção era a de substituir as revistas do período anterior pelas que iam chegando. Aproveitavam para folhear. As revistas da semana, da quinzena, do mês ou do trimestre passado eram vendidas a um vagabundo que, todas as terças-feiras, aparecia à porta de trás com um carrinho. Dava para o papel de fotocópias...

Ao centro, uma grande mesa oval, em que cismava uma pesada reprodução d'*O Pensador,* convidava à meditação os consulentes da biblioteca, que eram raríssimos, a ponto de se poder dizer, sem exagero, que o único frequentador foi quem surripiou o volume perdido da enciclopédia espanhola, o que retira a este sumiço o mistério que também foi negado pelos eruditos ao desaparecimento da ilha da Páscoa.

Num pedestal de mogno lavrado, com altos-relevos figurando rosas e videiras entrelaçadas, dispunha-se, em bronze, o busto do fundador, Helmut Tchang Gomes, fitando, grave, o infinito e denotando, pelo severo da face, alguma contrariedade por as paredes em frente lho não deixarem alcançar. Na lapela do casaco ressaía um borbulho que devia ser uma condecoração. Metendo alguém, com habilidade, uma mão por detrás do busto, e fazendo-a subir uns centímetros pelo cavo, encontraria um vão em que se poderiam esconder coisas. Aí colocou Joel Strosse uma bola amarrotada de três *Avantes* da clandestinidade, em papel-bíblia, muito acomodável a lugares esconsos. Era uma pirraça. Esses *Avantes* poderiam exibir-se, sem o mínimo escândalo, nas prateleiras Altamira, mas Joel quis que ficassem ali, a abrasar as entranhas do fundador, como sinal de rebeldia. Rebeldia íntima, claro. Porque, se um comum mortal, como a empregada de limpeza, os encontrasse, não deixaria de observar: «Olha que engraçado! O que estava aqui!», apontando logo os papéis ao saco do lixo, sem drama e sem perigo.

Na base do busto estacionava um animal de bronze que só não olhava também para o infinito porque possuía olhos laterais e não consta que o infinito esteja de lado: era uma tartaruga ou, talvez, considerando as dimensões diminutas, um cágado. Simbolizava a astúcia. O escultor lembrara-se, decerto, do grande Marquês de Pombal com o seu leão, do sagaz Calouste Gulbenkian com o seu falcão, das galerias de Santos com os seus atributos, e não dispensara o bicho que, no seu entender, fosse mais chegado às dimensões e às qualidades do fundador venerando. Joel Strosse, agora de mente muito combativa, preferia invocar entredentes outras simbologias ligadas ao animal...

Um recinto vidrado, logo à entrada, abrigava duas funcionárias, chamadas Clara e Lídia. Para lá, abria a porta do gabinete de Joel Strosse, que não continha nada de especial: alcatifa, secretária, armário e um Pequeno Ardina Fumando electrificado, a servir de candeeiro.

Desde o início, a antipatia entre Strosse e as duas empregadas constituíra um facto definitivamente estabelecido e irrevogável. O novo bibliotecário exalava frieza. Nem lhes mostrava os dentes. Encomendara uma remodelação dos ficheiros, que elas iam fazendo à mão, à razão de uma ou duas fichas por dia. Não sabiam sequer ligar os dois inúteis computadores, que jaziam, um em cada canto, a querer afirmar uma modernidade rejeitada, e não escondiam que dedicavam a quase totalidade do horário a práticas de Tarot e conversações ilustradas nessa e matérias conexas. Joel franzira o sobrolho ao dar pelos bruxedos e perguntara, muito pimpão: «Que é isto?» Elas explicaram-lhe, com desfaçatez. Percebendo a antiguidade dos direitos adquiridos, ele não teve ânimo para as proibir. Mas, de cada vez

158

que, ao passar, via as cartas alinhadas sobre a mesa, com as mulheres a consultar livros esotéricos, emitia um suspiro que mais parecia um rosnido.

Como ocupava Joel Strosse o tempo, naquela sinecura? Lia, documentava-se, sonhava... Todas as quintas-feiras lá trazia o *Avante!* que, na intimidade do seu gabinete, devorava até ao pormenor, tornando-se versado nas posições do Comité Central, na estatística das reuniões de protesto e nas minudências da situação política. Fazia muitos recortes, que colava no seu *dossier* encarnado. Conseguira que a Fundação assinasse a *Ça ira!* e imbuía-se de opiniões francesas sobre o mundo e a respectiva marcha entre abismos.

Deixava que a imaginação lhe divagasse sobre o Partido, a palavra «camarada» tomava cada vez mais para ele uma conotação ao mesmo tempo heróica e ternurenta. Ao passar em frente do Hotel Vitória imaginava o movimento lá dentro, tenso, transpirado, com reuniões, conversas políticas, leituras comentadas de Lenine, preparação de movimentos sociais, fraternidades de operários e intelectuais, invenção meticulosa e científica de palavras de ordem... Às vezes demorava-se, rondava a porta do Centro de Trabalho do Partido. Dois sujeitos saíam e um bradava para o outro: «Então, amanhã lá te espero, hem?» E Joel logo congeminava uma tarefa árdua, a dois, com agitação, distribuição de panfletos, discursos nas docas. Nem de longe lhe passava pela cabeça uma pacata almoçarada em qualquer restaurante de Santos-o-Velho, que era, a bem dizer, o mais provável.

E via-se numa daquelas reuniões, com o tecto abaixado pelo acúmulo algodoado dos fumos de cigarro, debruçado sobre um mapa de Lisboa, a conspirar. Falaria pouco, seria discreto e humilde, emitiria apenas opiniões graves quando lhe dessem a palavra. Procuraria sempre, cientificamente, abonar-se com uma citação dos clássicos. O camarada do lado, com um boné na cabeça, tocar-lhe-ia, fraterno e confiante, com o punho cerrado no braço. Destacá-lo-iam para elaborar relatórios semanais sobre a Fundação Helmut Tchang. Ele seria a maior autoridade na matéria. E, se fosse capturado, resistiria heroicamente. Não falo!

— Não fala, o quê? Hoje não atende o telefone?

Lídia olhava-o ironicamente, por entre a porta entreaberta. Joel ainda teve tempo, enquanto estendia a mão para o aparelho, de fulminar a subalterna com um olhar de profundo desprezo. Mais carregou o semblante, ao considerar, num sobressalto de despertar de sonhos, que as hipóteses de ser encarcerado eram praticamente nulas. Quando atendeu, o segmento da divagação que incluía capturas já estava revogado.

Que era da parte do Dr. Heitor do Carmo Velho, entoou uma voz maviosa do lado de lá da linha. Um momento, por favor. Não desligue. E soou, pelo auscultador, uma *habanera*, ajudada por sintetizador. Jovial, o advogado Carmo Velho manifestou-se disponível para o almoço. Tinha recebido umas centenas de contos por uma minuta de contrato, que bastara «tirar do computador», estava bem-disposto e apto a aturar Joel Strosse, que andava sempre a telefonar e a deixar recados.

Encontraram-se num restaurante caríssimo, dirigido por brasileiros, e que funcionava por um sistema embirrento chamado «rodízio», que consistia em os comensais recolherem os géneros dumas mesas e servirem-se a eles próprios. O dispositivo não agradava nem a um nem a outro, e propiciou um bom quarto de hora de rosnidos, desconsiderações para com o pessoal e piadas. Seguiu-se o período das relembranças dos tempos da universidade e dos conhecimentos mútuos, que entretanto se tinham divorciado, tornado avós, emigrado para Macau, enlouquecido ou filiado no partido do Governo.

Carmo Velho estava gordo de próspero, maciço, exprimia-se com voz de papo, inclinava-se para trás e fumava cigarrilhas. Contou três ou quatro histórias das que circulam, fatigadas, nos corredores do Palácio de Justiça, mas que, não sendo acessíveis a Strosse, lhe foram novidade e provocaram risos. A meio das histórias, quando as situações se encaminhavam já para o hilariante desfecho, Carmo Velho fazia sempre uma pausa e confidenciava: «Era depois do almoço...», como se as libações prandiais transformassem o país num campo alegre especialmente receptivo à facúndia burlesca. E foi já ao café, que uns gaúchos fizeram o favor de servir à mesa, depois de o advogado ter armado uma gritaria dos diabos, que Joel se inclinou um pouco para Carmo Velho e ciciou:

— Precisava de falar contigo...

«Temos divórcio, arrendamento ou partilhas», pensou logo o outro. E, cheio de paciência, dispôs-se a escutar, de sobrolho alteado, queixo sobre o punho, munindo-se dum ar muito profissional. Afinal, tivera a condescendência de reservar aquela hora para Joel Strosse. Mas, se ele estava à espera de uma consulta gratuita, andava muito enganado. Ouvisse-se, pois:

— Quero entrar para o PCP.

Jogar em vários tabuleiros! É esta subtil alegoria, decerto inventada por quem não percebe nada de exercícios escaquísticos, onde o condutor de simultâneas nunca está disposto a perder um único jogo, que me ocorre agora, por me parecer menos rural que «comer a dois carrilhos», ou outra, semelhante, que menciona velas e santos. Joel Strosse achava que a diligência de Jorge Matos já levava delongas a mais. Não é que tivesse pressa. Sabia que estas coisas eram muito sérias, demoravam o seu tempo, mas parecia-lhe que não perdia nada se movesse várias influências, numa estratégia envolvente, muito própria da portugalidade.

Carmo Velho derribou a viseira, fitou-o nos olhos, por entre as estreitas frestas da armadura, e sibilou com sisudez:

— É pá, isso é muito complicado...

E Joel engoliu em seco, sentindo-se amesquinhado, diminuto, de pezitos sobre a mesa, encostado ao pimenteiro, com medo de tropeçar na colher da chávena, encolhido àquele vozeirão que trovejava lá das nuvens. Não lhe veio ao espírito que a compenetração de Carmo Velho e aquele tom de criar dificuldades eram produto duma deformação profissional adquirida em muitas horas de cartório notarial e secretarias judiciais. Estava acostumado, mesmo para o assunto mais corriqueiro, vulnerável a uma minuta de cinco linhas, debitadas de memória, a exibir a fresta medonha que dá para o inferno das complicações.

— Complicado como o caraças!

Nesta altura, já Joel Strosse se encolhia debaixo das bordas do pires de café, apenas com a cabeça pávida de fora.

— Então, diz lá — acrescentou o outro cruzando os braços. Era ainda um tique profissional. Disfarçadamente, enquanto cruzava os braços, foi olhando para o relógio.

Joel, gaguejando e atrapalhando-se o seu tanto, foi contando da sua incompatibilidade com o mundo, subentendendo «burguês», mas sem coragem para o dizer, dadas as circunstâncias e o preço da refeição. Sentia-se na necessidade de dar o seu contributo ao Partido. Isto não estava bem.

— Isto, o quê?

A situação política, o atraso, a pobreza, a insegurança... Tinha que mudar!

— Olha cá! — O tom era inquisitório. A cabeçorra larga, ligeiramente descaída para o lado, muito Charles Laughton, indiciava a argúcia de quem interrogava, habitualmente, com perspicácia e com retórica: — E porque é que só agora, ao fim de tantos anos sobre o 25 de Abril, te ocorre esse passo decisivo na tua vida?

— Acho que já estou preparado! — Induzido pelos acordes solenes do interlocutor, Joel enfrentava-o, com dignidade. Tinha deixado o conchego protector da borda do pires, sentia-se de novo sentado na sua cadeira, respondendo, grave e altivo, a uma inquirição que lhe fazia muito sentido.

— Hum, hum — murmurou o advogado, remexendo no papel da conta e atirando, com uma generosidade displicente, o cartão de crédito.

— Tenho pensado muito, tenho lido muito... Passei a assinar a *Ça ira!*.

— A *Ça ira!*, hem?

— Sim, a *Ça ira!*.

— Quero uma facturazinha com o número de contribuinte. Não se aproveitem para me falsificar a assinatura, hem? — bradou Carmo Velho para o lado, enquanto rubricava o talão.

— Bem, bem, bem! — E, encarando Joel Strosse com um sorriso de quem se tinha achado graça, levantou um dedo, exigindo atenção: — Escuta — proclamou —, vais fazer o seguinte! Toma nota, não te esqueças. Passas pelo Hotel Vitória... sabes onde é?, ali na Avenida da Liberdade, entras, hã?, e dizes ao camarada que está à porta que queres inscrever-te no Partido. Ele encaminha-te, preenches uma ficha, sais e aguardas uma carta nos próximos... enfim, não sei bem qual é o prazo... quinze dias?, trinta dias? E, pronto, aí tens.

— Só isso?

— Claro, podes requerer por escrito, mas demora mais tempo, acho eu...

E o advogado guardou o cartão de crédito num bolso, a factura no outro e limpou os beiços ao guardanapo. Exibia um ar tão categórico e tão seguro que Joel Strosse não teve coragem de lhe perguntar mais nada. À saída, agradeceu o almoço:

— Ora — disse o outro, generoso. — E a família, bem?

Eduarda Galvão ficara encantada com Agustina Bessa-Luís. Tinha lá a sua ideia de escritores e esperava encontrar uma senhora de meia-idade, de cabelo platinado, num apartamento de duas assoalhadas, rodeada de gatos, com begónias no peitoril das janelas e versos manuscritos emoldurados. Ficou muito surpreendida.

Quando Agustina a recebeu na sala duma casa solarenga, espaçosa, em que a lenha, excessivamente verde, rechinava na lareira e os móveis antigos rebrilhavam de limpeza e de cuidados de conservação, pensou de si para si que aquela era uma escritora muito especial, que vivia bem, oferecia chá, discreteava sobre flores, sobre rendas de bilros talvez, e alava umas frases muito bem compostas sobre a natureza humana, confiante em que Eduarda as percebesse ou, pelo menos, as conseguisse transcrever com fidelidade.

De facto, Agustina estava ocasionalmente bem-disposta e cheia de paciência para jornalismos juvenis. O editor comunicara-lhe, nessa manhã, nada menos que quatro reedições de livros seus, de maneira que sorriu largamente, tanto quanto o feitio lho permitia, quando Eduarda lhe fez, de chofre, a importante pergunta que tinha apontado no comboio e se lhe afigurava muito hábil:

— Depois de *A Sibila,* tenciona regressar à escrita? E, se sim, porquê?

A escritora ia a retorquir «porque antevejo que refulja o brilho da eternidade, adentro dos limites assinalados aos infinitos humanos pelos abismos do indizível», mas conteve-se e nunca chegou a proferir esta frase. Preferiu ser condescendente, maternal e explicativa. Teve a paciência de procurar, num molho de papéis em cima de uma mesa, uma folha com a sua bibliografia, que estendeu a Eduarda. Depois, interessou-se por ela, fez-lhe perguntas sobre a família e ouviu-a mentir despejadamente. Inquiriu sobre se gostava do Porto, recomendou-lhe *O Bem e o Mal,* de Camilo Castelo Branco, ou outro livro qualquer do mesmo autor, contou uma história de circunstância e despediu-a com suavidade e donaire. Ao fechar a porta, suspirou.

Quando, já no comboio, Eduarda consultou os seus apontamentos, sentiu-se muito confundida. Não conseguia reconstituir a maior parte das frases. Não ousara pedir autorização para usar o gravador e agora via-se com umas folhas garatujadas que

165

lhe pareciam não corresponder exactamente ao que lá na revista esperavam duma conversa com Agustina. E sobressaltou-se, porque se lembrou dum episódio ocorrido com um colega, recentemente despedido da *Reflex,* por causa de algumas imprecisões mal compreendidas pela chefia. Tinha sido assim:

Um outro escritor, do tipo abjeccionista, cujo nome não lhe ocorria, e a mim também não, proferiu umas declarações na rádio, insultuosas para várias figuras públicas, de modo a que toda a gente se lembrasse de que ele era dotado de existência. O director encarregou um jovem estagiário de fazer a entrevista ao homem. Aquilo podia dar estrilho.

Mas o escritor estava nesse dia muito maldisposto porque um jornal se fizera esquecido de lhe pagar um artigo. De maneira que, vendo o moço à sua mercê, e tirando logo pela pinta que aquilo era alvo desguarnecido, determinou um torpedeio em forma. Contou-lhe que tinha sido colega de curso de Gomes Eanes de Zurara, num colégio de Messejana, que costumavam ambos faltar às aulas para ir às bananas e aos abacates, numa quinta que era do pai do intendente Pina Manique (aquele dos automóveis... o jovem jornalista estava a ver quem era, não estava? Estava, pois...), relatou-lhe miudamente a sua vida, com pormenores sobre uma carreira interrompida no pugilismo, sob o pseudónimo de Belarmino Fragoso, após uma viagem até à Patagónia, no iate de Fernão de Magalhães, um rapaz defeituoso duma perna, e deu pormenores do seu casamento com a marquesa de Beija-Flor que fora anulado por bigamia da esposa. Aqui, o escritor marginal lacrimejou. Quando chegou a sacramental pergunta sobre as influências de outros plumitivos na sua obra, mencionou os escritores Antoine Champalimaud, João Brandão e Douglas Mac-Arthur, mas foi particularmente entusiástico para com o grande mestre russo Boris Karloff, a seu ver superior a Dostoievski (o jovem jornalista não achava? Sim, sim, ouvira dizer...). Garantiu também ser muito lido nas obras do poeta Arantes e Oliveira, que até tinha uma avenida com o seu nome em Lisboa. A sua próxima obra? Já lhe acudiam sugestões para um título: mas hesitava entre *O Diabinho da Mão Furada* ou *Rópica Pnefma*. E que visse lá na contabilidade, que ele depois mandava os honorários da entrevista. Boa tarde, boa tarde. Muito prazer. Pois, pois.

Quando o repórter exibiu o artigo, o prédio da *Reflex* só não veio abaixo por compaixão minha para com vizinhos e transeuntes. Ao olhar para a cara congestionada do director, Eduarda compenetrou-se de que nunca na vida tinha visto alguém assim tão zangado. A cabeça de Ilharco bandeava-se para um lado — um rugido!, bandeava-se para outro — outro rugido, de dentes bem rilhados. Parecia que aquelas barbas, em qualquer momento, se iam incendiar num clarão irradiante. As mesas ressoaram com os murros. Um monitor deslizou, caiu e partiu-se. Um exemplar do livro de estilo voou pela janela e foi danificar um táxi. Eduarda e toda a redacção baixaram os semblantes, abrigaram-se atrás de qualquer mínimo objecto e esperaram que o furacão passasse, o que demorou o seu tempo. Mesmo depois de o director se ter recolhido ao gabinete, ainda se ouvia de lá, de vez em quando, um grunhido: «Eu te dou o Boris Karloff!!!»

Ora bem, com Eduarda Galvão, coisa semelhante não aconteceria porque ela não deixava e não deixava mesmo. Iria ter com Jorge Matos e, bem conversadinho, ele havia de lhe compor uma entrevista de estalo. Chegada a Santa Apolónia, ala de táxi para Campo de Ourique. Mas Jorge não estava em casa. Por essa hora, descia a Rua das Beatas, acompanhado por Vitorino Nunes e pelo professor de Grego, que não se lembrava de onde é que tinha estacionado o automóvel.

— Ah, cá estamos! Eu bem me parecia que era ao pé duma porta com postigo.

Enquanto o homem procurava nos interiores do sobretudo, que parecia ser forrado de chaves, tal a quantidade de retintins que lhe saíam da figura, Jorge Matos acotovelava Vitorino, disfarçadamente.

— Já viste? É um *Bentley,* pá!

Vitorino não era apreciador. Não sabia nada de viaturas, nem queria saber. Encolheu os ombros e apenas reparou, desconfiado, que a chapa de verde brilhante estava coberta de mossas e de riscos. Isso impressionou-o mais que a marca do automóvel.

— É um *Bentley,* não é? — perguntou Jorge lá dentro, refastelando-se nos estofos de couro, depois de remover dois dicionários, um guarda-chuva, um boletim da Junta de Freguesia do Lumiar, um velho disco de vinil, todo empenado e sem capa, e o terceiro tomo de *A Volta ao Mundo,* de Blasco Ibañez. Tinha cedido o lugar da frente a Vitorino, após breve disputa de encontrões disfarçados, o seu tanto infantis, por querer gozar o prazer raro de ser conduzido no banco de trás de um *Bentley.*

O proprietário retorcia a chave da ignição, e o motor protestava.

168

— Merda de carro! Ainda outro dia não pegou à primeira! Está acostumado às meiguices do motorista e já não conhece o dono...

O carro deu um solavanco grande, seguido de réplicas mais curtas, rasou o pára-choques do automóvel estacionado adiante, foi endireitado com um sarilho vertiginoso de gestos sobre o volante e em torno do volante, e lá desceu, tupa que tupa, até à Rua da Senhora da Glória. Tanto Vitorino como Jorge perceberam logo que aquilo era mais estilo do condutor que defeito da viatura. À socapa, cuidadosamente, Jorge inclinou-se sobre o banco da frente e baixou o travão de mão. O carro deu mais um galão, mas começou a deslizar como devia ser.

— Estão a ver? Estava frio, o gajo! — observou o condutor, rancoroso.

Vitorino era muito fóbico. Tinha medo de tudo e, quanto mais envelhecia, mais a poltronice se agravava. Não andava de elevadores, nem de Metro, nem de cacilheiro. Nos eléctricos, ao ruído das ferragens, temia que o engenho se despenhasse por uma colina abaixo. Transpirava sempre que, numa viagem de comboio, a carruagem parava nos sinais ou o estardalhaço dos carris era mais sacudido. Quando seguia a pé, nunca estava certo de que um vaso não se desprendesse duma floreira, ou um piano dum guincho. Qualquer lulu que lhe surdisse duma porta tomava figura de cão dos Baskerville, ávido de carnaduras humanas. Um entregador de *pizzas,* na sua motocicleta, semelhava-lhe sempre um assaltante, pronto a atropelar, a desferir golpes de misericórdia, a vasculhar bolsos nos corpos exangues.

As amolgadelas do *Bentley* fizeram-no logo desconfiado. Os solavancos do carro, sombrio. O jeito que o professor tinha de conduzir, todo inclinado para o lado esquerdo e com o braço direito esticado na direcção oposta, inquieto. E a proposta que o condutor fez a seguir deixou-o aterrado.

— E se fôssemos até minha casa, conversar um pouco?

— Eu era só até à esquina... — atreveu-se Vitorino, mas logo se calou à palmada fortuita que Jorge lhe deu no ombro.

— Não há azar — continuava o professor —, o Valério depois leva-os a casa... Ele a dizer isto e a jante de trás a bater no passeio, por via duma curva mal desfeita. Vitorino encolheu-se no assento. O professor exclamou: — Eh, muuuulaaa!! — E proferiu, arrastadamente, uns cacarejos que pareciam risos.

No percurso até ao Lumiar, a tensão arterial de Vitorino sofreu tratos violentos, agravados pelos fluxos de adrenalina a que não estava acostumado e que se despenharam, não sei donde, em golfões, quando o professor, à entrada da Praça do Chile, confessou:

— Eu, às vezes, nos cruzamentos, nem páro. Fecho os olhos, acelero, e que se lixe!

Acho que a Vitorino até lhe embranqueceram alguns cabelos. Jorge, pelo contrário, repoltreado no banco, ouvia com prazer o ronronar do motor e pensava que podia impressionar aquela rapariguinha tonta, que lhe aparecia de vez em quando, a Eduarda, contando-lhe, displicentemente, que tinha andado de *Bentley*. Primeiro, bem entendido, tinha que lhe explicar o que era um *Bentley*.

Muito sofreu Vitorino e se deliciou Jorge até chegarem frente à garagem dum prédio de apartamentos, ao Lumiar, não longe do Estádio do Sporting. O professor brandiu um comando, tirado com dificuldade das entranhas do sobretudo, carregou nuns botões e não conseguiu que o portão de ferro se abrisse. A bordo, todos experimentaram: reviraram o objecto, sacudiram-no, fizeram-no zumbir, violentaram os botões. Nada.

— Não deve ter pilhas — agastou-se o proprietário. — Estas porcarias modernas...

O portão, rangendo, começou a levantar-se. Tinha sido accionado de dentro. Vinha de lá outro carro, que foi obrigado a desviar-se pelo professor, indignado e gesticulante.

— Vou aproveitar agora! — disse ele, calculista. E acelerou para a abertura quando o portão já se ia fechando. Vitorino teve um sobressalto de terror ao embate da báscula no tejadilho do *Bentley* e Jorge também se incomodou, especialmente com a estridência raspada de metal contra metal que se seguiu. Mas não tiveram tempo para deixar sedimentar as emoções, nem para fechar as bocas. No primeiro cotovelo da rampa, um claque breve do lado direito anunciava que o carro tinha roçado na esquina.

— Fazem estas merdas demasiado estreitas e depois admiram-se que um tipo ande sempre a marrar... — comentou o professor com fleuma.

Um vertiginoso elevador, daqueles totalmente fechados que tanto contrariavam a ânsia de espaços abertos de Vitorino Nunes, levou-os a um décimo segundo andar, com janelas corridas, donde se via um bom naco de Lisboa.

— A minha caverna — sussurrou o professor, agora mais cerimonioso. E gritou lá para dentro: — Sou eu, sou eu! Quando precisar chamo! — Abriu luzes, dobrou o sobretudo sobre um canapé, enchendo o espaço de pequenos entrechoques metálicos,

apertou os lábios num esgar e elucidou: — Os empregados dei-
tam-se cedo, coitados. Tomam alguma coisa?

Joel Strosse desligou o telefone, com fúria, num tlim que o
assustou. O gravador de Jorge Matos, muito roufenho, acabava
de explicar, pela terceira vez nessa noite, que «agora não podia
atender e que não se esquecesse de deixar recado depois do
sinal». Que maçada! Ainda por cima, Cremilde gritava, lá do
quarto: «Não me estragues o aparelho, que pode haver alguma
chamada importante.» Estava sempre ansiosa, à espera que
Cláudio telefonasse da cadeia, ou que alguma das entidades a
que recorria lhe viesse dar uma boa notícia sobre a situação
prisional do filho, mesmo a meio da noite, o que, sendo muito
improvável, irritava sobremaneira Joel Strosse.

Instalado no escritório, munido de tesoura, ele recortou um
artigo da *Ça ira!*, cujo tema era «adaptação da esquerda conse-
quente às vicissitudes do mundo moderno», e ficou à minha
ordem.

Nos últimos dias, havia conseguido uma pequena e gratificante vitória na Fundação Helmut Tchang Gomes, actuando,
desta vez, tacticamente, de acordo com as próprias regras do inimigo. A relação com as duas colaboradoras praticantes do Tarot
tinha-se-lhe tornado tão insuportável que já nem podia ver as
mulheres. Detestava, em especial, os olhares enjoados que elas
reciprocavam na sua presença. Ao contrário, sempre que se
cruzava com Florentina Palha nos corredores, ela cumprimen-
tava-o com tanto enlevo, parando por um instante, desenhando
com a boca um ó de surpresa reconhecida e apertando ao peito
os *dossiers* que transportava, que Joel deu consigo a pensar nela

nela de vez em quando. Havia ali uma delicadeza, uma suavidade de gestos, um jeito de pisar... Florentina corou, pareceu desvanecida, quando Joel lhe perguntou, como distraidamente, enquanto lhe segurava a porta que uma mola rebarbativa queria manter fechada: «Vamos lanchar um dia destes, ali na Alecrim Dourado?» E abanou a cabeça, muito perturbada, significando que sim.

Entretanto, Joel Strosse acabara de remeter à administração um extenso e bem elaborado relatório (continha uma citação de Adam Smith e outra de Jean-Baptiste Say) subordinado ao título: «Contributos para uma racionalização dos serviços da biblioteca», com o subtítulo: «Optimização de recursos.» Nele se declarava, em preclaras seis páginas fabricadas no computador doméstico — para manter o sigilo —, que duas funcionárias eram excesso para a biblioteca, sendo certo que os serviços de contabilidade e atendimento mais necessitavam de reforço que o dinamismo subjacente a um crescimento exponencial da actividade da Fundação supunha e reclamava. Uma funcionária bastaria («para suprir em termos convenientes às exigências, etc.»). Mas, sendo desaconselhável cindir um relacionamento já prolongado no tempo, ele próprio gerador de estabilidade, propunha uma remodelação que instalasse Lídia e Clara no atendimento, auferindo a gratificação que superiormente um alto critério decidisse, e passasse a encarregar-se do apoio à biblioteca uma profissional de outro perfil. Joel deu-se ao trabalho de apresentar umas contas sobre produtividades e *rationes* e descreveu o tipo de funcionária adequado, que correspondia exactamente ao de Florentina Palha e a mais ninguém. Poderia, é claro, ter expendido umas interrogações sibilinas sobre a inconveniência de brincar ao Tarot nas horas de serviço e de ser mal-educado para com os superiores hierárquicos, mas evitou nobremente esse tipo de considerações. Afinal, ele sentia-se comunista e as outras eram trabalhadoras. Absteve-se, com generosidade revolucionária, de denunciar a cartomancia e os maus feitios.

Quando convidou Florentina Palha para a leitaria, já tinha recebido uma visita, muito fugaz e entreportas, de Rui Vaz Alves, que, depois do boa tarde, se havia limitado a olhá-lo, cumplicemente, e a agitar o polegar, acima do punho direito cerrado. O relatório causara efeito. O projecto estava encaminhado, granjeara simpatias. Aquela perlenga sobre a *ratio* impressionara decerto Vaz Alves que era, de seu natural, um grande apreciador de linguagem tecnocrática.

Florentina Palha, sempre muito cerimoniosa, cortou o pastel de nata em bocadinhos miudinhos com um garfo de bolos e recusou a canela porque lhe dava azia. Fez uns comentários sobre a novela da tarde e confessou que gostava muito de poesia, mas quando era bem rimada. A propósito do assalto a Joel, que tinha presenciado da janela, ia-se engasgando. Contou todas as diligências a que havia procedido para dar o alarme, interessou-se, comovida, pelas sequelas do acontecimento e fez considerações firmes e exuberantemente documentadas sobre a segurança nas ruas. Joel devorou o bolo em grandes dentadas, ouviu a história da telenovela, fez um aceno de olhos dubitativo às opiniões sobre a poesia rimada e, quanto ao assalto, lamentou a crise social que atirava tantos jovens para o sorvedouro da droga e os infernos da criminalidade. Florentina passou a ouvir, e Joel a gostar muito de se ouvir falar. O que era

174

preciso era uma nova sociedade em que ninguém tivesse de recorrer a paraísos artificiais, em que... em que... em que... E Joel delineou a traços gerais, com gestos amplos, os recortes duma sociedade outra, que eu não sei bem onde fica, mas deve ser à esquina do reino da Barataria com o Kingdom of Nowhere, frente aos domínios da Cocanha, com a ilha da Utopia à vista, rebrilhante dos oricalcos da Atlântida. Florentina achou que o doutor se exprimia muito bem, estava de acordo com tudo, mas lá que era preciso mais polícia nas ruas era. Apesar de tudo, no entanto, algumas coisas iam melhorando. Não se podia negar, por exemplo, o progresso que representavam as lojas dos «trezentos», com artigos chineses, baratíssimos. E foi uma tarde agradável.

Então aquele professor de Grego não tinha nome? Acho que já o vai merecendo, pelo seu esforçado protagonismo, a querer à força entrar nesta história. Como é que ele se há-de então chamar? Pensando bem, fica-lhe a calhar Vasco Reboredo, mas não há-de passar além de seis páginas, se tanto, embora exemplares.

Abriu o armário das bebidas, que era um tesouro, muito abastecido e reluzente, e, num ademane de generosidade desajeitada, ofereceu-o aos dois amigos. Afundados cada qual em seu sofá orelhudo, de verdadeiro couro da Rússia, recusaram com gestos amáveis e sorrisos contrafeitos, menos por falta de vontade que inibidos pela sumptuosidade do mostruário, que parecia sacrílego vê-lo, quanto mais tocá-lo, quanto mais bebê-lo.

Aquela sala ampla, de facto, intimidava. Já mencionei as janelas largas que davam para o austero convento e desenrolavam

Lisboa, clara e escura, levantada, abaixada, enovelada e lisa, como um mapa trapalhão, com pontos de luz a várias cores, uns fixos, outros corredios, uns confusos na mistura de tons, outros nítidos e bem-comportados? Solenizavam a quadra, cada qual em seu canto, rebrilhantes de verniz, dois pianos de cauda, que despertavam a atenção de Vitorino. Um armário envidraçado, de talha lavrada, continha uma multidão de santos de madeira, a espreitar, talvez desejosos de sair, alguns vestidos com brocados ricos, macerados pelos tempos, outros já desnudados, apenas com a armação de paus rematada por uma cabeça tenebrosa, descolorida pelos séculos. Nas paredes, enormes quadros, suficientes para formar divisórias de qualquer apartamento suburbano, representavam em tonalidades fortes, azuladas, mulheres de feições atormentadas, ora de cornos ovinos em espirais perturbadoras, ora com diademas encastoados de sinais estranhos, com pingentes de luas minguantes.

— Foi a minha falecida mulher quem pintou isto — explicou o professor, sentado, de joelhos ossudos para cima, numa espécie de banco de ordenha, quase a rasar o tapete. — Era muito afeiçoada às coisas do Além. Morreu de... doença prolongada. Nem queiram que lhes diga...

Ergueu-se a custo, foi até à janela, aspirou um pouco de Lisboa através da vidraça, levantando os ombros, um sempre mais abaixado que o outro, e regressou ao seu mocho, entre os dois convidados. Lerdo, rolava um silêncio acabrunhante, de pântanos e neblinas. Vitorino tossiu para o esconjurar e ensaiou uns passos sobre a alcatifa de Arraiolos, já com despontos da idade.

— Posso? — Vitorino, junto ao piano do lado direito, mantinha a tampa soerguida e fazia um sorriso experimentador, um tanto forçado. O professor assentiu de cabeça, mas ao correr dos dedos estalidou um piquepique seco, duro, de pau em pau. Jorge encolheu-se, de incomodidade.

— Nunca mais foi afinado, depois de ela morrer...

— É, precisava duma afinaçãozita — concordou Vitorino Nunes.

— E o outro está na mesma. Mas nós estávamos a falar de...

Houve estupefacção, manifesta no cruzar de olhares entre Vitorino e Jorge. Eles não estavam a falar de nada. Nem sequer, propriamente, a conversar. Estavam era vagamente arrependidos de se terem deixado conduzir até ali, enfadados e inquietos, e a rebuscar, nos íntimos, um pretexto plausível e cortês para saírem.

— De Joel Strosse. Era isso! De como ele arrancou um cartaz do Otelo e o espezinhou, furiosamente, ululando.

Esta versão já não coincidia, nas especificações, com o relato produzido no Solar do Macedo. Mas o professor, que convencionámos chamar-se Reboredo, esfregava agora as mãos, apontando-as para uma lareira, de estilo neogótico, onde não havia nem lume nem achas. Tinha encontrado um fio de conversa, bastava para lhe dar seguimento. Fez oscilar a cabeça de um lado para o outro, condoído.

— Coitado, coitado do Joel.

— Faz-se tarde — comentou Jorge, um tanto a despropósito. Mas Reboredo não o ouviu, e Vitorino estava distraído. Na sua deambulação, estacava agora em frente de uma estranha pirâmide, da altura dum homem. Era uma escultura multicolorida,

formada de letras, todas as letras do alfabeto, aqui e além repe-
tidas, em cores diferentes, numa escalada de ressaltos e recôn-
cavos, umas retorcidas e sofredoras, outras lisas e erectas, umas
do tamanho de uma polegada, outras ultrapassando o meio
metro, como o gigantesco A azul que Vitorino tocava agora com
os dedos.

— Foi também a sua mulher quem fez? — interrogou Jorge,
por delicadeza.

— Não, foi o amante dela. Um palerma qualquer... — Reboredo encolheu os ombros, deixou de esfregar as mãos e levantou o indicador. Ficou assim suspenso por uns instantes e os
outros dois com ele. Depois, acabou por declarar: — O mundo
está cheio de palermas.

Com uma concordância gestual de profunda mágoa, os
dois amigos entenderam que aquele desabafo constituía uma
deixa excelente para a abalada. Mas já o professor perguntava,
solene e cavo:

— E, lá fora, a arte continua?

Não atingiram o alcance da pergunta. Não sabiam bem se o
professor queria saber se existiam outras esculturas de letras ou
telas esotéricas, ou se estava a interrogar mais genericamente.

— Há literatura? Há pintura, há música?

Literatura ia havendo, pintura, assim-assim, música nem por
isso. Entreolhando-se, Jorge e Vitorino, num desconforto, não
sabiam bem aonde o professor queria chegar, de pergunta em
pergunta, e receavam que lhe desse um furor agressivo, repentino e mau de sofrer. Vitorino considerou os ferros da lareira,
para a hipótese de ter de se defender duma investida. Mas o
professor, em vez de arremeter fisicamente, preferia profetizar:

178

— Notem: quando a arte desaparecer, e isso pode suceder dum momento para o outro, a civilização estará no fim. Um belo dia acordamos e já não temos a civilização.

Os dois amigos não disseram nem que sim nem que não. Remexeram-se foi de mais. Mas, à sua impaciência, Reboredo, fitando bem em frente, sem olhar para eles, ordenou, autoritário:

— Calma!

E lá se sentaram, resignados, nas bordas dos sofás, a ouvir o professor, que discorria, mais ou menos, destarte:

— Outro dia fui visitado pelo imbecil do meu sobrinho, que não vinha inocentemente: queria dinheiro emprestado. Topei-o logo. Havia de ser pelo amor do tio? Levei-o a jantar ao Gambrinus. Em dada altura, o tipo, antes de atacar a fundo, entra-me numa prelecção sobre Balzac, Stendhal e Flaubert, com citação de personagens, passos dos livros, etc. Eu disse qualquer coisa assim abstracta, e ele corrigiu-me categoricamente. Sabia de cor as vidas dos autores, chegou mesmo a descrever-me a cena da crucificação dos leões...

Sorria, de cara torcida, virando-se ora para Jorge, ora para Vitorino, que não mostravam ser capazes de atingir o ponto da demonstração. O professor fez oscilar a cabeça, desiludido com tanta falta de argúcia.

— O fulano é engenheiro de sistemas. Não tenho nada contra os engenheiros de sistemas, mas, este, garanto que nunca leu um único romance na vida! Tinha decorado aquelas frases de qualquer álbum, ou enciclopédia, e estava ali, no Gambrinus, a debitá-las, em voz de papo, para toda a gente ouvir. E eu, que li tudo e reli, calado que nem um rato. Calado? Esmagado! E isto foi com os franceses. Se lhe tivesse dado para o Tucídides, que eu tenho anotado parágrafo a parágrafo, o resultado era o mesmo: ele a brilhar, e eu a engolir em seco.

— Há gente assim — observou Jorge, só para não dizer nada.

— Reparem bem — prosseguiu Reboredo —, ele tinha preparado para aquele dia a sua rábula sobre literatura. Provavelmente havia outras frases de reserva sobre pintura, ou música. Decorava passagens de álbuns e capas de discos, como decorava fichas sobre vinhos, perfumes, ou restaurantes. Era a ideia que ele tinha de cultura. Estou a imaginá-lo a dizer: «Sabe, meu tio, a coloratura da Callas na *Aida,* no Scala, só é comparável à da Zampieri», ou, pior: «A Guerra do Peloponeso resultou duma sobreavaliação dos meios disponíveis por parte do Areópago de Atenas.»

Vitorino ia a corrigir qualquer coisa sobre a Callas, mas Jorge, receoso de alimentar a conversa, franziu-lhe um sobrolho medonho, e ele desistiu.

— Sabem o que é que o traiu? — inquiria o professor, com um sorriso fino de Sherlock. — Foram as datas. O rapaz sabia as datas das publicações dos livros de cor. A data em que Balzac partiu para a Polónia, imaginem! Quando eu ironizei sobre o assunto, ele respondeu, muito descarado, a censurar-me: «Pois é, meu tio, nos tempos que correm é preciso estar *à la page...*» Nessa altura, mandei-o mentalmente àquela parte, obriguei-o a pagar metade do jantar e não lhe emprestei nem um tostão. O velhaco, hem?

— Um dos meus pesadelos — confessou Vitorino, pensativo — é o de assistir a um debate na televisão entre um charlatão bem-falante e um médico gago... No dia seguinte, toda a gente começa a dizer que a Medicina é uma treta... e a curar-se com picadas de lacrau...

— Estamos entregues à bicharada — rosnou o professor, cavo e rouco. E concluiu, sorumbático, de cabeça pendida: — A realidade é muito abusadora...

E, como a protestar pelos abusos da dura realidade, uma chapada de vento deu nos vidros e vinha carregada de chuva. A água borbulhava e cruzava-se em pequenos regos pelos vidros abaixo. Lisboa, lá fora, esborratou-se nas cores e nas luzes, defendeu-se com revérberos tontos, inesperados, e debateu-se, ondulando, ao peso das águas.

— Só faltava mais esta! — desabafou Jorge, sem saber o que dizia.

— Os amigos são do Partido Comunista, não é verdade?

Dos dois sofás orelhudos, Jorge e Vitorino cravaram firmemente os olhos no professor e responderam, em coro:

— Sim, somos.

Reboredo não deu pela agressividade altiva. Sentia-se a conversar entre amigos e assim ficaria a noite toda, sem pressas nem acintes.

— Eu logo vi. Nota-se, até pela maneira de andar. Eu cortei com o Partido quando eles renunciaram à ditadura do proletariado. Para mim, foi uma traição. Esta malta precisava toda era da puta duma ditadura do proletariado. Eu não aceito os compromissos com a burguesia...

Vitorino ia ripostar, queria cumprir o seu dever de responsável do Partido, e dar satisfações sobre a ditadura do proletariado. Mas Jorge fulminou-o com um olhar de Górgona, e ele ficou petrificado, com cinco dedos, que pouco antes se dispunham a

181

gesticular, soldados à cara. Vasco Reboredo não pareceu dar pela contenção e concretizou melhor a sua ideia:

— Lá em Coruche aparecem uns fulanos que têm a mania da caça à raposa, à inglesa. Compraram uns fatos apalhaçados, arranjaram uma corneta, montaram um canil de podengos malhados e, logo pela manhã, aí estão eles, a cavalo, no meio da matilha, à cata de raposas. Acho que nunca apanharam nenhuma. Vocês estão a ver? Uma porrada de gajos e gajas, armados em parvos, à desfilada, vestidos de encarnado, por entre alecrins e chaparros? O que tem graça é que eles, de vez em quando, têm a ousadia de me convidar... Sabem o que eu lhes respondo?

Vitorino e Jorge, graves, reconheceram, silenciosamente, que não sabiam.

— Digo-lhes que eles precisavam era duma ditadura do proletariado que os metesse na ordem, que os lixasse!

— E eles? — arriscou Vitorino.

— Ah, eles riem e depois vão todos jantar lá a casa. Mas sabem que eu não lhes perdoo.

A chuva, vingadora, estrondeou com mais força nas vidraças, acrescentando o poderio dos elementos ao vigor daquelas palavras. Inconscientemente, Vitorino dobrou a gola do blusão para cima e correu o fecho-éclair. A Jorge também preocupava mais a ventania chuvosa que o proletariado em armas, a castigar novos-ricos fandangos. Surpreendido pela ausência de resposta, o professor reparou, enfim, na impaciência embaraçada dos outros.

— Podem ficar, se quiserem! Há para aí camas!

Jorge e Vitorino recusaram com gestos de precipitação e terror.

182

— Fica para outra vez... — respondeu Vitorino, a medo.

— Ah, querem mesmo ir? Lastimo. Paciência... — E abanou a cabeça, num desconsolo. — Então, chama-se já o Valério! Valério! Valério! Leva estes amigos a casa!

A cabeça estremunhada do motorista espreitou atrás dum reposteiro, e de nada valeram os protestos, aliás um tanto artificiosos, de Jorge e Vitorino.

Daí a nada, ainda a sacudir restos de água do blusão, que o guarda-chuva do motorista não tinha evitado, Vitorino gritava para a tia: «Sou eu, já cheguei. Não há problema. Estive com malta progressista!» Quanto a Jorge, depois de uma navegação no *Bentley,* sob o dilúvio, percurso que já lhe não soubera tão bem como o primeiro, era ele a meter a chave à porta, e Eduarda a descer da escuridão dos degraus onde esperara, dizendo, alegre e descontraída:

— Olá! Isto é que são horas? Preciso da sua ajuda. Lá fora está a chover como o caraças. Tem alguma coisa em casa que se coma?

Eis Vera Quitério ao telefone. Com uma esferográfica toma pressurosas notas em papelinhos de folhas A4 cortadas ao meio por hábil faca de papel. Vai dizendo «hum-hum, hum-hum...» e anotando sisudamente. De vez em quando fala e declara: «Pois, pois, era bom que trocássemos umas ideias sobre o assunto...» No decorrer da presente conversa, ora isoladamente, ora no meio de outras frases que pouco interessam, esta expressão surgirá repetida. É aquilo a que metaforicamente, na prosa fradesca, se chama «um bordão de linguagem». A ele voltarei porque, dando o título ao livro, merece alguns desenvolvimentos.

Vera Quitério acumula notas maquinalmente. Ninguém pode falar ao pé de Vera sem que ela rabisque nas suas folhinhas. Se, por acaso, um daqueles camaradas dobrar o joelho em terra e lhe fizer uma declaração de amor, chorada, tangida e tirada do peito, Vera tomará primeiro notas aplicadas e, pelo meio, irá proferindo, entre outras coisas: «Era bom que trocássemos umas ideias sobre o assunto!» Provavelmente, a resposta ficará para outro dia e virá organizada, ponto por ponto. No caso, seria negativa, com fundamentação.

As folhinhas hão-de ser posteriormente agrupadas em montinhos, por matérias, apertadas num clipe ou num elástico, conforme a dimensão. Mais tarde, quando ocuparem muito espaço, necessário para outras folhinhas, serão atiradas para o cesto dos papéis e seguirão o rumo dos lixos lisboetas. Se a frase «era bom que trocássemos umas ideias sobre o assunto» pode ser vista como um bordão do discurso, a anotação frenética e compenetrada de discursos em papeluchos, há que encará-la como um «bordão do comportamento».

Vera tem quarenta e nove anos, parece mais nova, apesar dos cabelos brancos, e é funcionária do PCP desde tempos imemoriais. Nasceu de pais clandestinos, num monte alentejano, alojamentos dos maiorais, e o primeiro brinquedo que teve foi uma matriosca trazida de muito longe, que ainda hoje conserva, salvo a figurinha interior que perdeu num comboio. Na altura em que um camarada, sisudão e todo molhado da chuva, lhe estendeu a boneca, ela ainda mal falava e já tinha mudado de casa quatro vezes. Deve ser das pessoas em Portugal que mais vezes mudou de casa. Ainda se lembra das neblinas, entre choupos, numa vivenda da fronteira, à beira do

Minho, de águas arrepiadas, que tanto a impressionaram, depois de uma viagem longa, em ziguezagues, de táxi, comboio, barco e autocarro, que a trouxe dos ares amarelados e solarengos nas campinas crestadas de Campo Maior, onde vivia, em plena vila, numa casita sobradada que dava para uma barbearia. Aprendeu a ler no *Avante!*. Chegou a frequentar a escola primária (várias escolas primárias), mas, uma vez, os pais retiraram-na quando souberam que a miúda andava a propagar que lá em casa havia uns papéis «com um martelo e uma ceifeira», razão bastante para mais uma atribulada mudança. Ainda hoje se comove quando se lembra da mãe, com um sorriso tímido, o dedo sobre os lábios, a sussurrar, com a sua marcada pronúncia alentejana: «Nã digas isso, 'nha filha! Olha que te fazem mal ós tês pais...»

Vida dura, mal alimentada e fugida. Uma escola aqui, outra escola além. Lembrava-se dum sujeito que estanciara lá em casa, tempos infindos, lhe ensinava canções e a chamava para o colo praticando a leitura num livro fininho, já muito esfarelado, que começava assim: «Um fantasma percorre a Europa. É o fantasma do comunismo...», mas não conseguia recordar-se-lhe das feições.

Uma noite, uns gritos, uma confusão, sombras no escuro, a labareda e o cheiro de papéis queimados num alguidar, uma porta estilhaçada à marreta, armas, um tiro, o pavor dos pais, o ar surpreso do círculo de gente em volta, abismada, quando todos os da casa foram levados, algemados, para os automóveis. Presa aos oito anos, a PIDE não sabia que lhe fazer. Acabaram por entregá-la a uma tia, muito sorridente, de ar inocentíssimo, que também não tardou a ingressar na clandestinidade.

Se eu tivesse de lhe contar a vida toda, um livro destes não chegava e ser-me-ia difícil manter este tom ligeiro, porque o assunto pede seriedade e apela à mágoa. Basta que diga que Vera começou a perceber que a vida não era só feita dos clandestinos com o povo, por um lado, e a PIDE com os capitalistas de chapéu alto, por outro, alguns anos após o 25 de Abril. A complexidade das coisas demora muito a suspeitar-se, quanto mais a aprender-se. Pelo meio houve uma detenção, maus tratos e uma pena de cinco anos na secção feminina do Estabelecimento Prisional de Caxias.

Quando saiu da cadeia, cumprida a pena inteira, Vera juntou-se com um sujeito simpático, operário mandrilador, oriundo «de famílias progressistas» e que sabia de cor «O Melro», de Guerra Junqueiro. Mas o homem não se comportou à altura, nem das tradições familiares nem do poema: começou a beber, a frequentar tabernas, a pôr em risco os materiais que Vera tinha escondidos em casa, e as subtis ligações que já estabelecera, entretanto, com o Partido. Correu tudo mal com aquele companheiro. Cada vez mais lhe faltava a consciência de classe. A relação apodreceu. Tomou-a uma sensação de liberdade, jubilosa, eufórica, quando o abandonou e deslizou, de um dia para o outro, nos meandros da organização clandestina. Sempre atarefada, corredora e formigueira, desembaraçada e concludente, medindo as coisas miúdas pelas graúdas e as graúdas pelas miúdas, Vera ainda não encontrou espaço para fazer o balanço da sua vida e saldá-lo com um *superavit* de infelicidade.

Além do frenesi de tomar notas e de dizer «era bom que trocássemos umas ideias sobre o assunto» contraíra outro hábito que espantava e chegava a incomodar muita gente: o de fazer festinhas na cara das pessoas. Um sorriso rápido, um encarar compreensivo dos outros, uma mão cujos dedos deslizavam sobre as faces, masculinas ou femininas, num gesto terno, apaziguador e manso. De facto, nada havia de lúbrico ou, sequer, de hipócrita, naquela maneira de contactar. Tratava-se duma forma muito própria e abreviada de dizer: «Somos camaradas, estou a ouvir-te, não há problema, estás acolhido, estás absolvido, era bom que trocássemos umas ideias sobre o assunto...» Era assim como aquele rápido abençoar do bispo quando entra numa aldeia, como a continência mole, já simbólica e negligente, dos tenentes-coronéis quando penetram as portas de armas, como as palmadas leves, no pescoço, que nos dão as professoras primárias, no primeiro dia de aulas, como a mão do treinador que passa sobre a cabeça do jovem futebolista que acaba de marcar um golo, como o murro fingido, de punhos cerrados, que assestamos, em câmara lenta, no ombro dum amigo, em momentos de grande cumplicidade. Eram carícias bem-intencionadas e destituídas de malícia ou de concupiscência. A maioria dos camaradas é que não gostava. Franzia a cara ou o sobrolho, sussurrava comentários alusivos, nos vãos das janelas, mas Vera, na sua candura, não se apercebia disso.

Quem é que prolixamente telefonava a Vera, nessa tarde? Era o advogado Carmo Velho, com grande alarme e vozeirão tremebundo. Após o almoço com Joel Strosse, havia chegado ao escritório extremamente bem-disposto, atirara uma piada brejeira à empregada, que nem o ouvira, colada à consola do computador, e fora fazer um bocado de sala para um gabinete de outro colega. Na recepção, havia já uns clientes a aguardar. Que sofressem. Era a hora sagrada do convívio entre os gabinetes.

Como de habitual, comentaram os problemas de trânsito, disseram mal destes juízes novos, formados à pressa pelos CEJ, carentes de urbanidade forense e de experiência da vida, discutiram sobre se o prazo para apresentação de contas, no caso de recurso para a Relação, dando provimento à posição do A., obrigava a notificação prévia por parte do juiz «a quo», folhearam apropositada doutrina e jurisprudência... Às tantas, Carmo Vaz, puxando da cigarrilha, contou que lhe tinha acontecido almoçar com um fulano que — imaginassem! — pretendia entrar no PCP. Quem era, quem não era, e ele adiantou, por não ser segredo profissional: «Joel Strosse!»

— Não me digas! — enervou-se um dos colegas, levantando-se, num rompante, do sofá de napa que, muito preguiçosamente, muito lentamente, foi retomando a sua forma. — É o Joel que andou em Direito, depois em Letras, que namorou uma poetisa e acabou por casar com uma assistente social?

— Acho que sim... O Strosse, um magrito...

— Esse gajo que, depois do 25 de Abril, andou a escrever artigos reaccionaríssimos para o boletim paroquial de Fafe, em que chamava à revolução «o touro vermelho» e designava o Álvaro Cunhal por «o demónio branco das Estepes»? Até tinha uma frase que ficou célebre: «Esses senhores da esquerdaria precisam mas é dumas nalgadas nas abas da consciência...»

— Tens a certeza?

— Pá, o director do jornal foi meu cliente, numa demanda de «divisão de coisa comum». Ele contou-me tudo. O gajo usava um pseudónimo, *O Vingador*, ou coisa assim.

— Mas eu tinha por garantido, exuberantemente provado, que Joel Strosse fosse um homem de direita — acudiu o outro colega. — Uma vez, na Avenida da Liberdade, quando foi aquilo da AD, vinha todo entusiasmado numa camioneta cheia de manifestantes e até me enfiou uma bandeira laranja pela janela do carro. Eu disse logo «xóóóó!», mas...

— Tens a certeza?

— Absoluta! — exclamaram os dois colegas cm coro.

— Bom — concluiu Carmo Velho, esmagando a cigarrilha num cinzeiro. — O caso é grave. Acho que tenho de fazer um telefonema — e saiu para o seu gabinete. Foi esse telefonema, especificamente dirigido a Vera Quitério, que nós surpreende-mos há bocado.

— Hum-hum, e que mais? — perguntava Vera, fazendo tra-cinhos com a esferográfica no papel. Do lado de lá o advogado ainda trovejou um bom bocado. Iam-lhe ocorrendo episódios antigos que reputava desagradáveis para Joel Strosse e, levado pelas palavras, compunha um quadro que já roçava a malvadez.

— Muito bem... sim, sim... Era bom que trocássemos umas ideias sobre o assunto. Tomei nota.

Como é que Vera havia chegado a este requinte de um tique de linguagem tão comprido e complicado? Começou por um «n'é?» nasalado e musical no final das frases, continuou com um «não é verdade?», transitou para um «não sei se estás a ver?», logo completado por um «não sei se estás a apreender a ideia?». Daí passou para «há que discutir» e, mais tarde, refi-nou-se e fixou-se no «era bom que trocássemos umas ideias sobre o assunto». Eu já fiz uma detalhada investigação sobre a matéria dos auxiliares de frase, recolhi milhares e milhares de expressões, consultei alguns tratados, nacionais e estrangeiros, e ainda não encontrei referência a alguém que usasse um «bordão» tão arrevesado, nem explicação para o mesmo. Estou em crer que a bondade natural de Vera acabou por achar aquele «há que discutir» demasiado imperativo no «há que» e demasiado conotativo de desavença no «discutir». O subconsciente dela deve ter amaciado o «há que», sobremaneira seco e autoritário, para um mais urbano «era bom...». «Era bom que discutíssemos» poderia, talvez, dar a ideia de desafio para uma boa zaragata. De maneira que Vera há-de ter preferido o eufemismo do «trocar ideias». Este «trocar ideias» estava mesmo a pedir um complemento. Claro que não eram ideias tolas, no ar, veleiras. Eram ideias acerca de determinada matéria. Donde: «sobre o assunto.» É assim que eu interpreto, não sei se com argúcia, a recorrência desta frase que, havemos de convir, soa muito melhor e faz mais sentido que o primitivo «n'é?». Mas estou disponível para outras interpretações mais informadas.

Vera arrumou os papelinhos na mala e preparou-se para a próxima reunião, que ocorreria daí a instantes, com um grupo de indignadas educadoras infantis, a quem o Ministério queria sonegar direitos adquiridos.

Aí tinha Jorge Matos a Eduarda na sua frente, a devorar-lhe os iogurtes, dois ovos e umas sobras de paio que restavam no frigorífico e estavam destinados ao jantar de amanhã.

— Percebi tudo o que ela me disse — explicou Eduarda entre garfadas, com a bandeja nos joelhos —, mas depois esqueci-me. Aquilo era subtil, percebe?

Apesar de tudo, ainda não se atrevia a tratar Jorge por tu. Ele tinha gestos indiferentes, moles, estafados. Nesse dia aconteceram-lhe demasiadas coisas, e a visita de Eduarda àquela hora da madrugada não estava a dar-lhe muito jeito. Mudou de conversa, bocejando:

— Trouxeram-me a casa num *Bentley*.

Eduarda, na mesma. Tinha-se acostumado, por conveniência de serviço e preservação da imagem, a nunca se mostrar admirada. Era útil dar a impressão de que estava informada de tudo, e não poupava Jorge a essa pose. Mas ele percebeu logo que ela não se encontrava ao corrente do que era um *Bentley*.

— Um carro de quarenta mil contos!

— Dalguma gaja?

Nada a fazer. Estavam ali a insinuar-se insuperáveis dificuldades de comunicação.

— Vai comendo, vai comendo — sugeriu Jorge. E começou a passear pela sala, curvado, de mãos atrás das costas. Eduarda aproveitou a pausa e foi olhando para o televisor. A essa hora, passavam um filme sobre um extraterrestre que produzia líquidos peçonhentos, esverdeados, e neles afogava cidades inteiras, com xerifes e tudo.

Ainda bem que naquele dia sucederam a Jorge, antes da diversão do Solar do Macedo, eventos dignos de menção. Não fosse este um dia em cheio — do ponto de vista do narrador — e lá teria eu de semear acontecimentos pelo livro fora. Assim, posso permitir-me condensar tudo nesta secção, enquanto Eduarda vai devorando a ceia e apreciando o seu filme de extraterrestres.

Na caixa do correio, pela manhã, uma carta da filha Eufémia. Os ares de São Tomé parecia que estavam um bocado torvos, os coqueiros mais pendidos, os meninos órfãos mais impertinentes, as irmãs de caridade mais tocadas de defeitos humanos e as carências do dia-a-dia mais prementes. Eufémia, que antes se comprazia sempre em dizer bem de tudo, da paisagem real e da paisagem humana, na convicção de que assim aborrecia mais o pai, vinha hoje com duas páginas de intrigas muito desusadas, até porque o destinatário não era especialmente dado a argueirices. Ninguém gostava dela, a madre Guadalupe encolhera os ombros à proposta de um piquenique na praia da ilha do Príncipe, a colega de quarto usava uns perfumes baratos, que eram expressamente proibidos, e entrava-lhe pela janela, à noite, vinda sabe-se lá de onde, o estupor do jipe andava sempre avariado, ela estava com o corpo cheio de babas enormes de picadas de um bicho qualquer, um interruptor tinha-se avariado e não havia ninguém que o reparasse, uma médica andava de amores com um belga que se via logo que era um vigarista, etc., etc. Eufémia rematava, depois de umas considerações de altanaria («exercer, sim, mas a sério, em condições»), com uma declaração de saudades pelos outonos de Portugal, «com os seus matizes claros-escuros, com uma frescura que ainda não é fria, com as folhas a cair, com o dourado dos longos crepúsculos...»

«Ora bem», via-se Jorge compelido a pensar, esfregando com os dedos a carta que trazia no bolso, «mete poesia e tudo. A rapariga está aqui está a regressar a Lisboa. Tenho de lhe dar um jeito ao quarto e tirar de lá o simulador da bicicleta, o sofá coxo e o cofre-forte da avó. Espero que a mãe dê uma ajuda para o bilhete do avião. Arranjar-lhe emprego é que vai ser um sarilho. Talvez precisem de alguém, com experiência de bem-fazer, na Junta de Freguesia, que é do Partido. Mas, coitada, ela é tão reaccionária...».

Já Jorge se ia deixando levitar e pairava numa névoa de meiguices mentais, de que avultava uma menina pequenina a correr na praia do Guincho, em direcção à mãe, que lhe estendia os braços, com os cabelos em revolução por causa do vento, enquanto ele, Jorge, pai feliz e inexperto, tentava regular a objectiva da *Rolleiflex,* quando Eduarda, brusca, lhe cortou as ternuras com uma gargalhada e o precipitou das brumas da memória abaixo.

— Olha, conseguiram congelar o marciano...

Na imagem da televisão, uma superfície verdinhenta, gelatinosa, com laivos brancos, um técnico a tirar uma máscara, aliviado, e uma voz *off,* sinistra: «Eu voltarei!», enquanto a ficha técnica começava a correr.

Eduarda devorava uma pêra. Era a sobremesa.

— Filme idiota, hã? — observou Jorge.

— Estava porreiro. Para o género...

— Acho que estou um bocado cansado...

— Isso é que é chato.

Nessa tarde, Jorge tinha ido fazer uma inquirição à escola secundária de António Chiado. Havia infracções disciplinares de alto coturno e prejuízos acima de dois mil contos. Os alunos do oitavo tinham, progressiva e metodicamente, destruído um anfiteatro sem oposição do professor de Química. Tudo começou com um tubo de ensaio a espatifar-se no chão e o professor a dizer entredentes: «Cá se fazem, cá se pagam...» A expressão agradou sobremaneira aos alunos, que resolveram varrer um suporte de crisóis duma mesa abaixo, com grande estardalhaço de vidrarias partidas. O professor cruzou os braços e voltou a exclamar: «Cá se fazem, cá se pagam!» Zás, estalou o tampo duma mesa e, logo a seguir, uma cadeira levantou voo e partiu um dos vidros da janela. O professor cruzou os braços e optou por uma dignidade rígida e heróica. Às vezes dizia tão baixo o «cá se fazem, cá se pagam» que os alunos tinham de se aproximar, de ouvido atento, para saber como ele reagia à estante derrubada ou ao cheiro do esqueleto queimado num bico de Bunsen. E, quanto mais sereno e estático se mostrava o professor, como se estivesse enrolado numa bandeira nacional, pronto a morrer pela pátria, mais alto ia o alarido e mais aperfeiçoada a destruição. O anfiteatro, construído nos anos cinquenta, ficou em escombros. Apenas se salvou uma esfera de S. Gravesende, de que o ferro, de boa fundição, suportou bem as pancadas com que amolgou mesas e carteiras e britou vidros e mármores. Uma cópia do metro-padrão — barra de platina iridiada, depositada em Sèvres e correspondente à décima milionésima parte do quarto do meridiano terrestre — sucumbiu e ficou tão torcida que semelhava um laçarote de feltro, daqueles que se punham antigamente nos chapéus. E a aparentemente robusta bomba a vapor, rebrilhante de cobre e vermelhos sanguíneos, rainha de experiências durante décadas, era agora uma amálgama congestionada de sucatas, entre penas de pássaros raros e escamas de répteis empalhados, depois de devastadas as vitrinas, quer de Física, quer de História Natural, que ali não havia favoritismos nem discriminações.

Jorge, a um canto da sala do conselho directivo, ouviu um após outro, uma série de moços e moças que, cheios de candura, explicavam: «o sôtor deixou...» Finalmente, registou o depoimento do professor de Química, que declarou, muito mártir: «Os alunos têm de se responsabilizar pelos seus actos, sem manipulações nem dirigismos. Cá as fazem, cá as pagam. É assim que se preparam para a vida...» E acrescentava, cruzando os braços: «Estou profundamente imbuído do fatalismo oriental.» Tinha sido motorista na embaixada de Argel, o que para Oriente é curto.

Uma dactilógrafa ia registando os depoimentos. Jorge estava enfadado, cheio de sono. Nem lhe ocorreu perguntar ao professor de Química se tinha noção do valor aproximado dos pássaros empalhados, da máquina a vapor e dos restantes materiais. Iria propor à consideração superior a aposentação compulsiva do homem e a expulsão de alguns alunos. O Ministério, como era hábito, baixaria um escalão nas penas. Os pais quotizar-se--iam e pagariam os prejuízos, salvo os irreparáveis. E ele teria desempenhado, uma vez mais, uma figura de burocrata, papeleiro, escrevinhador e irrelevante.

Nessa noite, a animação fraterna do Solar do Macedo havia, de certo modo, feito esquecer a tarde inquisitorial e rotineira de autos, trapalhadas, enormidades, parvoíces e papéis, que eram o seu ordinário. No exercício daquelas funções, passara, a bem dizer, por muito pior que a destruição sistemática e total dum anfiteatro e correspectivas implicações. Em vez de professores desviados, ou místicos, ou fatalistas, já tinha encontrado verdadeiros loucos, piores ainda que os que exibiam erros de gramática, em lamentáveis depoimentos escritos. Dos alunos, é melhor nem falar. Dava-lhes gozo intrujar, enquanto faziam estalar bolhões de pastilha elástica na boca.

E, a propósito, Eduarda voltara de lavar o prato, desligara o televisor e pedia, quase num beicinho:

— Queria uma ajudinha nisto da Agustina...

— Mas sempre a Agustina, porquê? Há outros escritores, a Maria Velho da Costa, o Vergílio, o José Cardoso Pires...

— Ora, esses tipos do século passado, bem vê...

E Eduarda sacudiu uma das mãos, como se estivesse molhada, a significar desprezo pelo passado.

Jorge Matos deu um grande suspiro, dobrou-se, acabrunhado, foi tirar, com resignação, uns livros da estante, antologias, colectâneas, os *Encontros...* de Mário Ventura, as entrevistas de J. J. Letria... Tinha a noite estragada. Eduarda já ligava o computador, pronta para o serão. Ele ainda disse:

— Já te contei que andei de *Bentley,* há bocado?

A entrevista com Agustina lá foi redigida, sem que a própria fosse, para o efeito, vista nem achada, descontando os retalhos de conversa que tinha tido com jornalistas pela vida fora e que Jorge Matos desencantara, dando-lhes, em parte, uma volta. Tentou explicar a Eduarda que aquilo era uma autêntica fraude, mas ela mostrou-se pouco sensível ao vocábulo e ainda menos ao conceito.

Quando Eduarda, de manhã muito cedo, abalou pela porta fora, munida da sua entrevista, Jorge, mal dormido e devassado, considerou que era tempo de acabar de vez com a ligação à rapariga. Escrever-lhe-ia um bilhetinho seco para a revista, em que evidenciaria a diferença de idades, a sua necessidade de sossego, a probabilidade do regresso da filha, «outros desenvolvimentos que a sua vida poderia ter», sugerindo que Eduarda não mais o procurasse. Seis, sete linhas, no máximo. Ou, talvez, um pouco mais...

Bem poderia poupar-se ao incómodo. Dentro de momentos,

na redacção da *Reflex*, o jovem editor Bernardo Veloso, farto das infantilidades da namorada e das suas manias dos jogos das moscas e outros, olharia com admiração para Eduarda, impressionado com a entrevista, e convidá-la-ia para almoçar. Tinha a propor-lhe um trabalho sobre o *Titanic*, nos aspectos sociais e culturais, bem entendido, trajos, ementas, luxos, etc. Já pensara num título: «O último baile a bordo...»

A substancial conversação desse almoço seria do teor que mais irritava Jorge Matos, que não podia ouvir falar em medicinas exóticas, em acupuncturas eléctricas e em «captações de energias cósmicas». Mas isso já não lhe dizia respeito.

A noite anterior, sim, quando Eduarda, lá para as tantas, interrompeu o ditado para lhe perguntar:

— Qual é o seu signo? Já me disse, mas eu esqueci-me.

— Não disse, não. Eu não uso signo.

— Não é para usar, é...

— Vamos lá a andar com isto. Escreve: «A escritora sentou-se, olhando com um ar penetrante, e retorquiu...»

— Está, de facto, com um aspecto cansado. Há aí um professor peruano que tira os quebrantos e explica como se captam os pólos de energia cósmica.

Jorge esteve quase a deflagrar, num furor homérico, com apóstrofes e tudo, mas preferiu recorrer à metáfora do alpinista, que aliás era toda a simbólica da sua última peça de teatro, que se chamava, precisamente, *Na Montanha*. Conteve-se, sentou-se e desenvolveu o seguinte, em voz baixa e paciente, que o alto da madrugada não estava para gritarias:

— Um alpinista foi-se alcandorando por uma falésia, penosamente.

— O que é isso de «alcandorando»?

— «Subindo.» Escuta: «Ia um alpinista a trepar por uma escarpa, já com muita dificuldade e cansaço. Passara os pontos mais difíceis do percurso, tinha-se mesmo visto de costas para o solo, prestes a desprender-se, numa inclinação traiçoeira. Mas lá progredia, lentamente, palmo a palmo, em árdua luta com as pedras e com a gravidade. Uma vez por outra, resvalava, fragilmente suspenso sobre o abismo pelas suas cordas e espias. Sofrera vertigens e cãibras. Ele não via o cimo do monte. Apenas tinha de trepar, porque, sendo alpinista, era isso que lhe competia. Na parede rochosa, quase lisa, ia tacteando, saliência a saliência, concavidade a concavidade. Já subira aí uns cinquenta metros, quando, de repente, sentiu um impacto na pedra, com um estalo, por cima do ombro direito. Lá de baixo, alguém estava a alvejá-lo com uma fisga.»

Eduarda olhava, de boca torcida, passeando um dedo impaciente pelo teclado do computador.

— Coisas que acontecem! Não está mal visto. Você fala bem. Vamos à Agustina?

Ao discorrer, Jorge Matos passava uma mão sobre a outra, muito ao de leve, espaçadamente, como se marcasse um ritmo secreto, susceptível de ser apreendido apenas por um destinatário iniciado que estivesse por perto, o que não era o caso. Concentrando-se nesse movimento, procurava evitar que a voz lhe traísse a fúria.

— O que eu tentava explicar-te, através de uma imagem, que te será decerto mais fácil de apreender que os raciocínios, era isto: passámos séculos sanguinolentos a esforçar-nos, com riscos, com retrocessos, com pequenas vitórias, com grandes derrotas, até nos içarmos, a pulso, alguns palmos acima do irracionalismo. E vens tu e pessoas como tu e, quando nós pensamos que a ascensão está garantida, zás!, desatam a atirar pedradas.

— Mas que mal é que eu fiz? Que mal é que eu fiz?

— Atreves-te a falar no Zodíaco em minha casa, quatrocentos anos depois de Pico della Mirandola! Atreves-te a negar milhares de anos de civilização que custaram muito a ganhar, ouviste?

A cara de Eduarda exprimiu um espanto abespinhado, ofendido, disposto à resistência.

— Olha este, agora! Não me diga que não acredita nos signos. Está tudo mais que provado. Eu não sei o que dizia o tal Mirândola, mas olhe que nas melhores universidades americanas...

— Eduarda!

— Não, caramba, é preciso uma pessoa estar a par das coisas. É o mínimo...

— Eduarda — insistiu Jorge —, talvez seja melhor mudarmos de assunto — e noutro tom: — Já puseste aí que a escritora olhou com um ar arguto...?

— «Penetrante.»

— Isso! Então continua lá...

E até às seis da manhã, por entredentes, Jorge foi ditando e corrigindo a pseudo-entrevista. Se antes conseguira achar alguma graça a Eduarda — artes e frescuras da juventude —, nessa altura já quase lhe tinha aversão e estava ansioso por que ela desaparecesse com o seu bloco-notas, o seu à-vontade e as suas considerações peregrinas sobre ciências de bruxaria. Foi-se deitar, fechou a porta do quarto e não quis saber como é que Eduarda se acomodava para o resto da noite. A rapariga era desembaraçada. Ocupou a cama de Eufémia. Às oito, Jorge ouviu-a sair. Levantou-se, muito maldisposto e desconfiado do mundo.

Nessa tarde, no final do almoço, quase todo dedicado ao esoterismo, Eduarda iria contar a Bernardo Veloso a metáfora do alpinista, transformando-a em sonho relembrado, vagamente premonitório. Ela ia subindo, procurando os píncaros luminosos, julgando-se livre, aspirando o ar puro da montanha, quando sentira um tiro a lascar a rocha, por cima do seu ombro direito. Era o jovem editor, que, de espingarda em riste, não a deixara continuar e a obrigara a retroceder.

Com um sorriso melado, fez uma carícia suave na mão do outro.

— Não estou a perceber. Acho que mereço pelo menos uma resposta, não?

Pela porta entreaberta, Joel Strosse, enquanto falava com Jorge Matos, via Florentina Palha, cirandando entre livros, e a consciência da presença dela, por ali, engrossava-lhe a voz, tornava-o afoito, a ponto de quase fazer exigências. No combate para a transferência de Florentina ganhara a partida, sucesso muito de festejar, porque as vitórias lhe aconteciam raramente, ou quase nunca. Entretanto, Cremilde alugara um quarto em Grândola e passava lá parte do tempo, respirando os mesmos ares de Pinheiro da Cruz. Por qualquer razão misteriosa, isso também contribuía para o arrojo de Joel.

Florentina era a empregada ideal para o lugar. Adiava tudo para o dia seguinte, não fazia absolutamente nada no presente.

O próprio Joel substituía as revistas e tratava com os comprado-res de papel. Mas bastava-lhe vê-la, sentada à secretária, a olhar para uma colecção de cactos que tinha trazido lá de baixo, ou a tocar as lombadas dos livros com uma grande suavidade de dedos, para abençoar aquela compensadora permuta de duas funcionárias estragadas pela colaboradora perfeita. Mostrava-se sempre disposta a conversar, a compreender. Num rasgo de coragem, pedindo muito segredo, Joel havia-lhe confessado a sua intenção de aderir ao PCP. «Mas insista, doutor, não desista!», dizia ela com uma firmeza que parecia estar sempre pronta a propinar aos outros por não precisar dela para si própria.

E ali se firmava Joel Strosse a insistir, quase a ralhar com o pobre do Jorge Matos, que acabara por pousar o auscultador e dar um murro na mesa. De facto, o outro tinha razão. Havia que decidir! E vá de ligar ao Vitorino, com um rancor acrescen-tado pela determinação de Joel e pelo próprio sentimento de culpa.

Nessa mesma tarde, pelas seis horas, ele, muito impaciente, e Vitorino, muito pachorrento, sentavam-se em frente da fun-cionária Vera Quitério, que já tinha acariciado cada um nas bochechas e perguntado como passavam «e como ia esse tra-balho». Perante o manifesto mau humor de Jorge Matos, ata-lhou, com severidade, desfazendo o sorriso:

— O caso apresenta algumas dificuldades. Era bom que tro-cássemos umas ideias sobre o assunto.

— Muito bem! — Jorge cruzava os braços, e Vitorino, de ponta da língua atirada para o canto da boca, fazia tentativas desesperadas para desenhar um círculo perfeito nas costas dum panfleto. Haviam chegado ao Partido (na verdade tinham chegado apenas a ela, Vera...) umas informações preocupantes. Seria bom que trocassem umas ideias sobre o assunto.

Jorge ia para concordar que, efectivamente, não seria mau isso de trocar ideias, quando um olhar de viés de Vitorino lhe relembrou que a expressão não era para responder e que faria melhor figura se se deixasse de provocações gratuitas. Aguardou. Mas a funcionária do Partido preferia indagar:

— O que sabes tu, afinal, de Joel Strosse?

— É um tipo porreiro, de esquerda, dos meus tempos da universidade... Lia... sei lá... o Tchapaev, o Lefebvre, o...

— Mas que sabes tu da vida dele, nestes últimos vinte anos? — insistiu Vera.

— Eu, nada. Encontrei-o na Costa, no Verão passado. Estava entusiástico, acho que até compra o *Avante!* — E após um silêncio: — Isto, francamente, faz-me um bocado de espécie... Num momento difícil como este, de refluxo, porque é que não se há-de deixar o homem entrar? Até parece que há excesso de militantes...

— Era bom que trocássemos umas ideias sobre o assunto. Olha! — E Vera Quitério abriu uma pasta e estendeu, grave e silenciosa, umas fotocópias sobre a mesa. Negrejaram uns artigos, já com uns anos, em tipo de chumbo gasto, obviamente de jornais de província, ilustrados por umas gravuras mefistofélicas, do século passado. Assinava-os *O Vingador Patriótico* e, num rápido correr de olhos, Jorge e Vitorino apreendiam coisas como «Os comunas sob a batuta moscovita forcejam por estender o seu sanguinolento lençol vermelho, não só da ideologia, como também do sangue dos mártires da verdade, sobre a Pátria desatenta».

— Então, o que é que acham? — perguntava Vera Quitério.

— Péssimo estilo. Havia melhor, na altura. Mas quem garante que isto é do Joel Strosse?

— E isto? — Vera sacou da pasta um volume de capa negra e dourada, intitulado: *O KGB e Seus Tentáculos. Sinistras Conivências...* — Ora vê aqui... Na ficha técnica, o nome do tradutor: Joel Neves.

— Falta o Strosse — disse Jorge Matos. — Neves há muitos.

— Jorge, meu caro — impacientou-se Vitorino —, temos de encarar os factos. Lembra-te do que o outro nos contou. Ele foi capaz de espezinhar um cartaz do Eanes.

— Do Otelo!

— Ou do Partido, acho eu. Já não me lembro...

— Pois, enfim, lá que era um cartaz democrático, do ponto de vista da época, era, tenho que reconhecer... — suspirou Jorge.

Vera Quitério já tomava notas rápidas nos seus papeluchos. Contrariado, Jorge Matos cedia às evidências. Mas, enfim, tinham passado os anos, o homem parecia tão empenhado, tão sincero. A funcionária concedeu:

— Não se pode amarrar ninguém aos erros do passado.

— Pois é... — corroborou Jorge.

— Mas também não podemos sujeitar-nos a ter gente suspeita entre nós.

— Vendo bem, se ele fosse contar as nossas reuniões, ninguém queria saber. O Partido passa o tempo a querer relatar reuniões, e quem é que liga? — contrapôs Jorge.

— Não é isso, camarada. É uma questão de decoro. É mais pelos que estão cá dentro que pelos que estão lá fora. Imagina que, de repente, numa assembleia, alguém reconhece, entre os seus camaradas, um inimigo do Partido, hem? Um homem que rasgava cartazes democráticos? E que traduzia livros de propaganda anticomunista? Era bom que trocássemos umas ideias sobre o assunto.

— Talvez se ele fizesse uma autocrítica... — sugeriu Vitorino. Mas a sugestão não caiu muito bem entre os presentes.

— Deixa-te disso!

Para Jorge aquilo era uma contrariedade e das grandes. Não tinha levado muito a sério as informações do professor de Grego, e ainda mantinha dúvidas sobre a autoria dos artigos. Ficou com menos dúvidas, mas ainda de pé atrás, quando Vera Quitério desenrolou, lendo minuciosamente os seus apontamentos, as informações do advogado Carmo Velho. Ao fim e ao cabo, nos últimos anos, Jorge pouco tinha feito pelo Partido. Comparecia a umas espaçadas reuniões, conversava, pagava as quotas irregularmente, arranjava sempre desculpas quando o vinham convidar para o «trabalho de base»... Agora, que angariara um candidato a militante, ávido de activismo em tempos ruins para os recrutamentos, quando já quase sentia compensados os seus remorsos pela baixa militância, oferecendo um outro, prosélito e disponível, para contrabalançar o trabalho que não fazia, vinha aquela desilusão...

— Era bom que trocássemos umas ideias sobre o assunto... — concluía Vera Quitério.

— Está bem — resignou-se Jorge —, eu falo com ele, pronto.

No dia em que Jorge lhe telefonou a desafiá-lo para uma conversa, Joel Strosse teve arrelias que só vistas. A administração da Fundação estabelecera um programa cultural prolixo que incluía uma actuação de jograis lendo excertos d'*Os Lusíadas* e uma bem documentada exposição fotográfica sobre o «Uso do anel desde a Alta Antiguidade aos nossos dias». Convocara-se um pequeno-almoço cultural com jornalistas e houve breves discursos, perguntas e *petits-fours.* Ninguém se deu ao trabalho de avisar Joel Strosse.

Estava ele sentado, lendo o verbete «Amuletos» do terceiro volume da enciclopédia espanhola, sorrindo, de quando em quando, para Florentina Palha que, do outro lado da sala, mantinha agastada conversação telefónica com o empregado duma loja de electrodomésticos, muito empenhado em vigarizá-la no orçamento da reparação dum televisor, quando a porta se abre e entra por ali adentro uma pequena multidão.

Ao darem por ele, os da administração condescenderam em apresentá-lo aos vários jornalistas. Mas quando Rui Vaz Alves sussurrava pela terceira vez: «O nosso colaborador, o Dr. Joel Strosse...», o nomeado ouviu uma voz familiar e bem-disposta:

— Olá! A família, boa?

Era Eduarda Galvão, que se encontrava ali no exercício do seu múnus.

— O quê, já se conhecem? — perguntou, muito curioso, Vaz Alves.

— Temo-nos visto por aí — adiantou-se Joel, antes que Eduarda dissesse qualquer coisa. Mas já o presidente chamava a atenção para o busto do fundador, dava umas explicações graves, em tom de discurso reverencial, e concitava em volta as atenções dos circunstantes. Eduarda tomava notas e, de vez em quando, olhava pelo canto do olho para Joel, muito corado.

Houve ali instantes de pavorosa ansiedade. Joel tentava aproximar-se de Eduarda, mas ela encontrava sempre maneira de bichanar para este, conversar com aquele, esconder-se atrás de um outro, e não lhe propiciava o contacto. Aquilo parecia de propósito, mas não se sabe bem. Por outro lado, Florentina Palha, assomando lá do seu sítio, de cabecita furibunda colada ao vidro, não mostrava feição de apreciar os movimentos de Joel, o que lhe dava ainda maior desconforto. Finalmente, após uma pisadela num sujeito forte, muito mal-encarado a aceitar desculpas, Joel conseguiu interceptar Eduarda.

— Então trabalha aqui? — quis ela saber, muito mundana e expedita.

— Eduarda — segredou Joel Strosse —, tenho de lhe pedir um favor. Não diga nada a ninguém sobre a situação do meu filho.

Eduarda figurou-se desmesuradamente espantada, quase ofendida, como se, interpelada na rua, lhe fizessem uma proposta obscena. Deixou descair o bloco-notas sobre a coxa e respondeu, com impaciência segura e briosa:

— Mas com certeza, por quem me toma?

— Agradeço-lhe muito.

— Fique descansado.

E afastou-se, ainda amuada, sem querer ouvir mais. Aliviado, Joel sorriu discretamente a Florentina Palha, mas não obteve correspondência. Na leitaria, ao almoço — um *croissant* com fiambre, um copo de leite e uma bica —, Florentina Palha bordou umas alusões, que deixaram Joel Strosse confundido, sobre «certos homens de meia-idade que não resistem ao perfume das serigaitas» e desconversou avonde, revelando uma habilidade que Joel lhe não conhecia, e que era a das frases divergentes, muito polissémicas. Mais ou menos assim: se Joel dizia «Tivemos uma manhã muito movimentada, hem?», ela respondia, com o olhar posto ao alto, à direita, «Pois, pois, não há nada como as boas companhias...» Joel retorcia-se martirizado, mas não sentia intimidade suficiente com Florentina para desbaratar os amuos a poder de palavras azedas. Regressaram ambos à Fundação, muito macambúzios.

Mas ainda não tinha sofrido, durante meia hora, o ressentimento silencioso de Florentina, que lhe dera agora para fazer de conta que trabalhava freneticamente, espalhando fichas e organizando-as de novo, como quem baralha cartas, quando o contínuo veio comunicar que o Dr. Vaz Alves desejava falar com ele. Lá abotoou o casaco e seguiu atrás do homem, na convicção mortificada de que nada de bom estava para lhe acontecer.

O Dr. Rui Vaz Alves foi duma amabilidade extrema, muito de desconfiar. Explicou abastadamente a exposição sobre os anéis e os tempos, com profusão de aspectos técnicos: arqueólogos, fotógrafos, coleccionadores, museus, o custo dos folhetos, o preço do aluguer da sala, «universo» previsto de visitantes e por aí afora.

De repente, desfechou:

— Você tem um filho no Canadá, não é?

Joel fez-se verde, torceu o nó da gravata, pigarreou e tartamudeou:

— Sim, sim. Em Toronto.

— Magnífico! Talvez ele pudesse fazer um jeito à Fundação, hem? Precisávamos de alguém que tratasse *in situ* do despacho de uns totens índios, ou esquimós, ou lá o que é, para quando cá vier o Presidente da República, e pensámos que... Que é que acha?

— Não sei, vou escrever, vou consultá-lo.

— Nós não queríamos abusar, mas isto são assuntos que não se resolvem por fax, e mandar alguém daqui seria antieconómico. Não lhe parece?

— Ah, sim, sim.

— Faz-nos então esse favor?

— Claro, vou ver, vou contactar.

— Eu logo vi que podíamos contar com os seus bons ofícios.

«Mal empregada é ela / a andar ao pó da farinha...» A voz, adocicada, de vogais abertas e «éles» enrolados à francesa, dava aos utilizadores do elevador uma sensação de impotência e de vulnerabilidade, que talvez tivesse sido propositada por parte de quem concebeu o sistema. Joel desta vez nem remoeu os habituais sarcasmos para com a canção e deixou-se descer mais sossegado que o habitual, sem murros fingidos e sem gaifonas. Percorreu a alcatifa até à biblioteca, de braços pendidos, olhos no chão, como o escravo que vai para as minas, como o soldado que já tanto se lhe dá, como o velho na excursão do asilo a Bucelas. Mal reparou numa mulher que vinha entretanto a sair e que, ao encará-lo, levou a mão ao peito, do susto, com um «ai!». O *toc-toc* dos saltos dos sapatos dela no mármore, em corridinha, não levou Joel a voltar, sequer, a cabeça. Precisava de reflectir, de reflectir muito, e não tinha agora com quê.

Ao entrar na biblioteca, passou por Florentina e sorriu-lhe, sem a ver. Depois, foi plantar-se à sua secretária, a olhar para ontem, sem conseguir pensar em nada. Descobriu que tinha uma caixa de clipes magnética e foi testando os clipes na caixa, ora um de cada vez, ora aos pares, ora em fieiras rebrilhantes que engendrou meticulosamente. Estava nisto há uns bons vinte minutos e quem não aguentou a reclusão foi Florentina, que entreabriu a porta e o interpelou, muito dramática, fungando de choro:

— Porquê? Porque me oculta tanta coisa da sua vida?

Só então Joel foi recuperando da letargia. Embora muito lá das nuvens, percebeu que Florentina estava agitada, mas não se ralou nada com isso. Fez-lhe um vago aceno, permissivo, quando ela, entre lágrimas, lhe explicou que se sentia muito mal e tinha de ir para casa. Florentina contava com compreensão, com tranquilizações, com explicações, com perseguições. Não teve sorte nenhuma. Joel aceitou-lhe as despedidas e as desculpas, com uma oscilação de cabeça semelhante à daqueles bonecos que alguns automobilistas colocam junto ao vidro da retaguarda, e reinstalou-se na cadeira giratória, desta vez para raciocinar.

Desconfiava fortemente do que para todos nós, e mesmo para outros entendedores de compreensão mais mediana, resulta óbvio, e que eu posso, até, certificar, com circunstâncias e com mágoa. À despedida, Eduarda, que logo havia reconhecido o Dr. Vaz Alves das discotecas da 24 de Julho, tinha-lhe comunicado, de aspecto compungido e tocado de amor pelo próximo:

— Coitado do Dr. Joel Strosse. Achei-o tão abatido. Sabe, aquela situação do filho preso, com uma série de anos de cadeia. Tráfico de droga, bem vê...

E fez um ar muito sério, apertando os lábios e sacudindo a mão direita. Vaz Alves distraíra-se dos passes de sedução, empertigara-se e exclamara: «Ah!» Nem teve tempo para recuperar e convidar Eduarda a refrigérios, qualquer dia, em qualquer sítio, porque ela já desandava para longe, no meio dum grupo de fotógrafos, vestidos de gangas e camisas às bolinhas.

Sem conhecer estas especificações, adivinhando-lhes apenas os contornos, passou por Joel Strosse aquele negrume extremamente aflitivo, compressor de respirações, de quem se vê acuado, ameaçado sem razão nem porquê. Nem sequer culpou Eduarda. Aquilo era um azar da vida, uma fatalidade. Iria inventar desculpas? Iria confessar tudo, com melodrama, para gozo escarninho do Vaz Alves? Iria congeminar um plano, com cartas falsas? Ao Dr. Vaz sobravam tempo, feitio e maldade para jogar o jogo do gato e do rato. E estava um cidadão, de esquerda, culto, informado, sabedor de quem era Tchapaev, sujeitado aos caprichos daquela mesquinha gentalha que ignorava tudo isso... Mas, felizmente, a Fundação não era tudo na vida. Nessa tarde iria encontrar-se com Jorge Matos, no recato penumbroso dum bar chamado A Oficina, que, segundo lhe haviam contado, era decorado a rodas dentadas e tinha, suspensa do tecto, uma colher de vazamento, lambuzada de gusas plásticas, a imitar o viscoso, muito imponente e metalúrgica. Jorge representava o Partido. Trazia-lhe a atenção da classe operária. Ele iria contar tudo à classe operária. Iria explicar que espécie de sujeito era Rui Vaz Alves, iria denunciar os podres da Fundação, dissecar a sua natureza de classe, oferecer-se para escrever um artigo fulminador para o *Avante!*.

A fieira de clipes serpeou por sobre a secretária, guiada pelo dedo sábio de Joel Strosse. Faltava um clipe, a luzir na alcatifa. Joel enganchou-o aos restantes, com a satisfação de quem recupera um prisioneiro fugido. Depois formou três fieiras com um número de clipes exactamente igual, 25, o que considerou, de forma subliminar, nunca confessável, um bom presságio. Desfez as fieiras, libertou os clipes, um a um, para os despenhar, da altura do braço estendido, no recipiente magnético. De novo um deles caiu no chão. Joel Strosse dobrou-se sobre o rebelde. Apanhado! E, nisto, eram cinco horas e trinta.

Estes recursos da escrita aqui não me bastam para oferecer o dramatismo dos passos de Joel Strosse em direcção ao bar chamado A Oficina, depois de se ter chamado Samoa e Katmandu, e que ficava a duzentos metros da Fundação, para os lados do Bairro de S. Miguel. Eu preferia não ter de lidar com as sombras reais, sem muito que se lhes diga, os ruídos habituais do trânsito, conhecidos de toda a gente, as fachadas tristonhas ou alegretes, como as de todos os dias. Isto merecia era perfis estorcidos, dobrando-se à passagem de Joel, focos que o iluminassem e mudassem de cor, de momento a momento, traçando-lhe sombras caprichosas, ora alçando-se pelas paredes, ao lado, ora projectando-se ao comprido, adiante, ora redemoinhando em formas enclavinhadas, atrás dele. E uma música soturna, com compassos graves, cortados pelo estridor dum oboé, bruscamente calado. Os passos reboariam, ritmados, como um coração a pulsar, a respiração zuniria numa ventania sincopada, de empastelar microfones, e buzina que apitasse deixaria sempre a impressão extenuada do langor duma sirene de ambulância, ou, talvez, do sinal dolente de uma escuna entre névoas, esperando, fundeada.

Pois era. Se fizerem um filme deste romance quero-o, nesta

passagem, muito expressionista, de estúdio, cheio de efeitos, com muito papel pintado, e habilitado a palavras sagazes dos *Cahiers du Cinéma,* ou de quem quer que os substitua.

Infelizmente, os meios de que disponho são estes das palavras, de si pobres e mais pobres ainda da indigência imaginativa de quem as pastoreja. Dirão que me cabe dar os pensamentos de Joel Strosse durante o percurso e que tenho todas as páginas do mundo, ou pelo menos as que o meu orçamento e paciência comportarem, para os ir desfibrando e estendendo, como Dido, arguta, a fazer render a sua pele de boi. Mas estou em condições de garantir — defendendo-me —, que, nessa altura, Joel conseguira o feito espantoso, digno de registo, de durante trezentos e cinquenta passos, correspondentes a duzentos e dez metros e sete minutos e meio de andança, não pensar absolutamente em nada. Trata-se de assinalável milagre, aspirante ao nirvana, embora um nirvana subalterno, europeizado, que lhe teria necessariamente ocorrido se ele tivesse pensado nisso. Ainda bem que não pensou, porque o nirvana, nestas circunstâncias do trânsito lisboeta, traz sérios riscos de atropelamento.

Chegou cedo, despertou do nada em frente da porta d'A Oficina, que apresentava dum lado, desenhada, uma chave-inglesa e, do outro, um martelo pilão.

«Cheguei cedo...», considerou Joel Strosse, com acerto, repetindo-me.

Mas, ainda assim, foi entrando.

Lá vem Jorge Matos, curvadamente, descido do autocarro, por engano, nas proximidades do Saldanha e a cumprir o resto do percurso a pé. Para o acto falhado contribuiu uma discussão estridente entre um reformado, duas ciganas e o motorista. Impotente para gesticular, o motorista vingava-se no acelerador e no travão. Um subconsciente enfadado convenceu Jorge de que era ali a paragem do Campo Pequeno, optando pelo erro em vez dos solavancos e dos remoques.

Já de si, Jorge não é a alegria das ruas. O percalço do autocarro e a perspectiva de calcorrear quinhentos metros excedentários não lhe acrescentam o bom humor, sobejamente mareado pela aproximação, passo a passo, duma conversa amigável mas franca (embaraçosa) com Joel Strosse. Outras circunstâncias o remoem e lhe franzem a cara, de modo que os transeuntes, instintivamente, deslizam um metro para o lado, ao passar por ele, porque o dono daquele olhar sombrio nunca se sabe se lhe dará para deitar as garras a qualquer pescoço desprevenido.

Os transeuntes são habitualmente ruins psicólogos e ignoram o que vai no íntimo de Jorge, inepto para conceber um ataque violento ao próximo. A cara exprime ferocidade, sim, mas o imo, embora revolto e, às vezes, confundido, é inofensivo. Ao invés de Joel Strosse, a sua caminhada para A Oficina arrasta-se pontuada de efervescentes pensamentos. Sendo eles muito convulsos e misturados, ofereço-me eu para os pôr em ordem.

Raladíssimo se torturava Jorge com os efeitos que a carta já remetida a Eduarda, para a *Reflex,* houvessem de causar. Imaginava a moça, sentada à secretária, sem conseguir escrever uma linha, túrgidos rolos de lágrimas a sulcar-lhe as faces e a esborratar-lhe a pintura. Provavelmente a pobre vira-se traída, sofria... Ele, afinal, não a tinha desencorajado, tinha-lhe dado confiança, tinha-lhe consentido esperanças... Depois tratara-a bruscamente, por ela não perceber a metáfora do alpinista, não a admitira no quarto, nem a avisara de que havia bolachas na despensa, para o pequeno-almoço. Finalmente, viera cortar aquele fio de relação em que a deixara acreditar com umas palavras escritas, muito secas, muito adultas, rescendentes a cinismos marialvas. Achava-se cobarde, crápula e rugia por dentro, contra si próprio. Coitada da Eduarda...

«Coitado do Jorge», digo eu, com vénia ao realizador do filme portador do mesmo nome. Se ele soubesse do risinho acasquinado que sobreveio a Eduarda logo que acabou de ler a carta e dos eventos que se seguiram, sentir-se-ia plurimamente amesquinhado, abrasado de ódios candentes contra a sua própria maneira de ser, com o ego rebaixado até às pedras da calçada, ou, quem sabe, ainda mais fundo.

Após ler a carta e ter correspondido, de alvar sorriso, aos colegas alertados pelas gargalhadinhas que já se lhe juntavam ao pé da secretária, Eduarda correu para o gabinete de Bernardo Veloso e cominou:

— Tens, absolutamente, de ver uma coisa que eu trago aqui!

O jovem editor da Sociedade & Cultura deixou, repetidamente, pendular o nariz por sobre a folha A4, suspirou, como condoído, e deu uma palmada risonha num sítio sonoro que se localizava abaixo da cintura de Eduarda.

— Pobre diabo — observou.

— Imagina — contraveio Eduarda, agora muito abespinhada, de mão na anca —, esse velhadas pateta a pensar que eu tinha algum interesse por ele. É preciso lata! Muita latosa...

Olha para aqui, olha: «Infelizmente, tenho de comunicar-te uma resolução que te vai fazer sofrer...» «Receio ter-te criado falsas expectativas», etc.

Os dois, simultaneamente, engoliram lufos de ar e foram-no deixando sair em risinhos muito sacudidos, apertados e vermelhuscos.

Já havia quem assomasse à porta, numa curiosidade folgazã e suplicasse de lá:

— Eduarda, conta... Não nos deixes ficar de fora! Vá, partilha!

E, com a carta voluteando, pinçada entre dois dedos, Eduarda evoluiu pelo gabinete, graciosamente, numa dança de lago de cisne. E contou. E partilhou...

O azedume de Jorge, já de si carregado, foi poupado à ciência destes derivativos. Se, nesta conformidade, eu sou capaz de garantir a integridade física dos transeuntes, já não me responsabilizaria no caso de Jorge ter de acrescentar mais esta humilhação à sobrecarga do quotidiano. Oxalá a Eduarda Galvão e aos seus faceiros colegas da *Reflex* não lhes dê para responder colectivamente a Jorge, como na carta dos cossacos ao sultão, com piadinhas e aleivosias...

Jorge a ir pela Avenida da República e a deparar com uma ranchada de gente, ajuntada em volta de dois automóveis colididos, como latas comprimidas, mas sem exagero. Os condutores, ambos ombrudos, rubicundos, olhavam-se com um rancor avinagrado e sarilhavam gestos demonstrativos das alegações de inocência. Jorge viu-se envolvido pelo ajuntamento, foi bloqueado por uma anciã larga, ainda mais avantajada pelo cesto das compras, e acabou por ceder à curiosidade geral.

Do automóvel da frente, uma mulher, sem sair do banco, gritava, com as mãos na cabeça:

— Chamem a autoridade! Chamem a autoridade!

— Calma, calma! — exigiam alguns dos curiosos. Mas pediam tranquilidade com uma movimentação tão agitada que, pela fricção dos gestos na atmosfera, portadora de partículas de poluição, a carregavam de electricidade. Mesmo na frente de Jorge, um adolescente, muito louro, vestido de cabedais negros, dobrava-se a rir e atirava, de vez em quando, em voz de falsete: «Afinfa-lhe, afinfa-lhe!», o que era uma interpretação muito ajustada da «Calma!» dos outros. Trazia um pingente na orelha, que saltaricava, aos trémulos de riso.

E foram-se desatando umas verbosidades alteadas, ora quase em tom moderador e explicativo, ora vociferadas com raivas e cuspinheiras, mais açuladas pela intervenção dos circunstantes atentos, que manifestavam versões contraditórias do caso, alguns tão esbaforidos como se se tratasse de matéria pessoal e própria. De súbito, houve um redemoinho, uns encontrões, o rapaz vestido de cabedal foi apertado contra Jorge e os vozeirões tornaram-se mais grossos.

— Tirem-me este homem da frente, que eu já não vejo nada! — rosnou o que não tinha mulher.

Não tiraram o homem, agarraram-no foi a ele, e por ali andaram aos baldões, para trás e para a frente, todos num embrulho, com muitos bufos e arranhar de solas pelo asfalto. O contendor aproveitou a ocasião e atirou uma patada, talvez destinada às partes moles do outro, mas que acabou por lhe atingir a coxa. À provocação, o atingido cobrou forças e sacudiu os manietadores. O do pontapé não contava com aquela

216

liberdade súbita. Vinham duas mãos hostis pelos ares a procu-rar-lhe as faces e já ele virava costas e desandava, a correr em direcção ao Saldanha. O outro era pesadote, estava mais can-sado, bufava dos debatimentos. O fugitivo não precisava de dar muito à perna. Andou por ali às voltas, em passo de cor-rida, rindo já, e batendo as mãos espalmadas, uma de cada lado do corpo a imitar um voo de pássaro. A mulher saíra do automóvel e chamava, nuns guinchos arrepiados que conse-guiam sobrepor-se à vozearia: «Ó Manel, ó Manel!» E o Manel a fugir, sorridente e torpe. Já as paredes ressoavam, atroadas pelas buzinas dum trânsito todo engarrafado. Ao longe, ouvia--se a sirene da polícia a querer insinuar-se por entre o tráfego. A matrona gorda que levava o saco, e que tinha sido a causa imediata da paragem de Jorge, não resistiu a tanta emoção, sentou-se no passeio e armou uma cena histérica devastadora, que suscitava solidariedades... Do saco, primeiro brandido, depois atirado com violência, rolaram papos-secos, maçãs e uma garrafa térmica.

Jorge, envergonhado por se ter detido naquele espectáculo, tão tristemente lisboeta, foi-se afastando e alargou o passo. Atrás de si, a sirene da polícia ondulava agora mais nítida, entre os graves e os agudos. Os guinchos da mulher histérica baixavam de decibel.

Que gente era aquela? Vai um homem a ruminar pensa-mentos, a dar tratos a matérias de afecto e raciocínio, confinado ao seu mundo abstracto, privativo e respeitável, quando, de repente, o assalta a rude materialidade da cidade verdadeira a cobrar tributo. Havia que aceitar a realidade dos factos, a sua ruindade, muito assustadora. Jorge e os seus amigos viviam nas proximidades (ao lado, acima, abaixo?) de pessoal como este, capaz de figuras animalescas, javardas, daquelas que nos enchem de vergonha só por delas termos notícia quanto mais por as presenciarmos. Como se sentiria ele se, algum dia, se visse obrigado a afrontar gente assim, em pé de igualdade, despido dos atributos de professor, de freguês, de mandante, de utente de serviços, estatutos que balizavam a linguagem e as atitudes? A relice, por vezes, saltava e surpreendia, obscena, em qualquer lado, num balcão duma repartição pública, numa esplanada, num cinema... Eram sinais fortuitos, breves, laterais, que se manifestavam, incomodavam e passavam. Mas, se por hipótese, Jorge viesse a conduzir o automóvel — mal, como sempre — e tivesse um choque com um indivíduo daquela conformação? E se fosse envolvido por aquela multidão que tresandava a tanta maldade? Desequilibrava-se o mundo. Era difícil manter as barreiras, as distâncias: eu de um lado, eles do outro. «Seria tudo um», como diz a Bíblia. Que humilhante passar por estas vergonhas, indefeso, fora dos seus refúgios, longe dos seus semelhantes, dos que falavam a mesma linguagem e que, embora humanais e vulneráveis — quando não ridículos... —, nunca se prestariam à grosseria de exibições canalhas, sequer à suspeita de maus sentimentos... Que faria ele, então? Vá, responde-te, Jorge Matos! Cruzava os braços, calava-se, esperava que alguém mais acomodado a estas realidades viesse remover os estercos e dissipar os miasmas? E atentou no perigo de, um dia, poder cair nas garras dos seus conterrâneos. Meu Deus — assustava-se —!, como nós somos poucos e vamos sendo cada vez menos... E podem-nos descobrir. E se eles acabam por dar connosco? Havia de discutir estas angústias com

Vitorino, em o encontrando outra vez. E, também, já agora, não seria desavisado reler o Rousseau...

Jorge não tinha aprofundado bastantemente a problemática. Não lhe ocorrera, por exemplo, que a sua conhecida Eduarda Galvão era muito capaz, por formação e feitio, de provir de fora do cordão protector, do lado de lá do fosso... O orgulho de Jorge levava-o a não conceber que maltas fainantes se pudessem ter insinuado no seu círculo de relações. As pessoas com quem fazia o favor de se dar não seriam santas, nem luminárias de alma, mas não se amalgamavam na canalha informe e mesquinha que pululava lá fora. Ah, não?

Conceda-se a Jorge o comprazimento neste engano. Mas ele também terá de condescender em que a apreciação sobre a plebe vil e descompassada ignorava aquelas auras que de vez em quando a bafejam e santificam, metamorfoseando-a miraculosamente de populacho em povo. E, laborioso, sofredor, resignado, sábio, arguto, voz-de-Deus, artista, generoso, amado, heróico e sublime... Tanta coisa, vez a vez, e, às vezes, tanta coisa de uma vez... Isto cheira a paradoxo, sem solução. Talvez se Jorge passar a vida que lhe resta a pensar nestes mistérios consiga aceder a uma conclusão aceitável e no-la comunique. Reler Rousseau até não é má ideia. Reler, aliás, nunca é má ideia. Mas, enquanto for reflectindo, convém atentar naquela frase grave, largada assim de passagem pelo professor de Grego e que eu deixei passar, por discrição e lapso, sem a valorizar como devia, com cartela, capitulares, sublinhados e comentários enriquecedores: «A realidade é muito abusadora.»

Não creio que Vitorino Nunes, a quem o estatuto de «controleiro», ou equivalente, fora aposto, como a alguns, noutros tempos e latitudes, uma estrela de lata, lhe seja uma grande ajuda. Ainda esta tarde Jorge procurou Vitorino em casa, para uma pequena reunião que não correspondeu nada às expectativas. Vitorino tinha-lhe dito, ao telefone, que ia passar o dia a arrumar os seus álbuns, e Jorge julgou-o disponível para trocar impressões sobre assuntos de substância.

Quando tocou à campainha, atendeu-o a tia de Vitorino, com um fio de lã passado pelo pescoço e dois novelos a rebolar dentro de um cestinho, que uma mão esguia, de dedos longos e unhas de vermelho rebrilhante, apertava à cintura.

— Entre, amigo, vou ver se o meu sobrinho pode reunir connosco.

Sorriu, muito acolhedora, com uma espécie de vénia elegante, mas desapropriada à idade, e deixou Jorge, desconfiado, a esperar que tempos numa saleta com canapés, por onde circulava o periquito verde, que se mostrava muito aproximativo e cheio de curiosidades palrantes. Jorge tinha ouvido vagamente falar da psitacose, não sabia bem o que era, mas estava certo de que não era coisa boa. A uma investida mais pronunciada afastou o bicho com a pasta, fazendo-o cair do canapé abaixo, com uma grande algazarra penugenta. Jorge compôs uma figura inocente, de braços cruzados, de grande tolerador de periquitos, mas o bicho começou a debicar-lhe a ponta dum sapato. Iria aquele monstro saltar, tornar-se agressivo, inocular-lhe a psitacose? Lá dentro ouviam-se vozes, no que parecia ser uma altercação sussurrada. Enfim, Vitorino apareceu à porta. Dava ares de envolvimentos em trabalhos domésticos, a avaliar pelo fato de treino, todo manchado de pó e suor, e pela vermelhidão da cara. A tia, sorridente, assomava por detrás. Vitorino alardeou uma solicitude excessiva para os hábitos:

— Ó Jorge, estás porreiro, pá?, desculpa lá, pá, anda para aqui, pá!

E, sem mais nem menos, Jorge viu-se levado para uma marquise em que havia uma mesa de verga com três cadeiras, além doutros móveis que não interessa especificar. Discretamente, a tia foi descendo uns estores de tabuinhas e veio sentar-se junto deles. A um olhar interrogativo de Jorge, Vitorino encolheu os ombros e rodou as pupilas, em sinal de resignação. O periquito também quis assistir à reunião e entrou, majestoso, na marquise, emitindo os sons próprios da espécie. Veio também a empregada, mas apenas para servir o chá. Não era para participar.

— Muito bem — disse a tia —, tem o amigo a palavra. Uma colher de açúcar, duas?

— Sim, duas, pode ser...

— Queira então começar.

E a tia, segurando a chávena à altura do peito, tomou um golinho curto e ofereceu mais um sorriso de bom acolhimento.

Jorge não estava a contar com aquilo. Provavelmente, a atitude mais correcta seria a de agradecer o chá, manter uma conversação suave sobre petúnias, a dificuldade de arranjar pessoal nos dias que correm, o engraçado que são os periquitos e a conveniência de se ser sócio da Protectora dos Animais, para, depois, comunicar que estava só de passagem, olhar aterrado para o relógio e desandar pela porta fora. Mas aquele sorriso da tia era a um tempo tão encorajador e impositivo que Jorge acabou por declarar, sombrio, dirigindo-se a Vitorino:

— Vou ter com o Strosse ao fim da tarde, que é que eu lhe digo?

— Bem, eu não sei, há que ter prudência, não magoar o homem...

— Muito agradecido! Mas digo-lhe o quê?

Vitorino limpava a boca com o guardanapo e olhava para cima, indeciso. A mão direita sopesava, a meia altura, uma esfera invisível. Preparava-se para trautear a ária do Papageno...

— Vá lá — insistia Jorge. — Isto é uma situação difícil, tens que me ajudar. Afinal tu é que és o controleiro, o coordenador, o responsável, ou lá o que é...

— Faz favor, não foge às suas responsabilidades — atalhou, branda mas imperativa, a tia, colocando uma mão carinhosa no ombro de Vitorino. Ele, envergonhado, retirou aquela mão com um sorriso lívido. Esforçava-se por apresentar um ar sério, profissional, quando deu as seguintes indicações a Jorge:

— Dizes-lhe que não pode ser nada, pronto!

Jorge, de boca torcida, ficou muito tempo a abanar a cabeça para baixo, naquele sinal, aparentemente afirmativo, mas, no fundo, soturno e arreganhado, que quer dizer: «Homem, não é nada disso! Fazias melhor figura se estivesses calado.» A tia também achou as palavras de Vitorino escassas e sem jeito. Deliberou completá-las, esclarecendo o espírito de Jorge:

— O amigo comunicará que o Partido entende que não pode admitir no seu seio pessoas que arrancam cartazes pro-gressistas e que se bateram contra a Revolução de Abril.

— O Partido? Qual Partido? — Jorge olhava com uma candura manhosa, forçando um sorriso mundano que lhe não apetecia nada. E, do lado de Vitorino, lá irrompeu, ciciado, o Papageno.

Ela deu um pequeno salto na cadeira, levantou bruscamente as mãos, afastando uma para cada lado, como quem diz: «ganhei o loto!», e repetiu com uma euforia ridente e voz ligeiramente esganiçada, as sobrancelhas a tremelicarem:

— O Partido!

Vitorino aplicava-se em torturar uma bolacha, cujos restos, esfarinhados, já davam conta, sobre a toalha rendada, da violência dos apertos. Tinha posto em Jorge um olhar assustado, suplicante, humilérrimo, que rogava: «Jorge, compreende a minha tia, trata-a bem, ela é assim, deixa-a lá, não reajas, olha que eu sou teu amigo...»

Jorge acolheu a súplica e daí a nada desempenhou a rábula do relógio, o sobressalto do atraso, sem ter passado pela das petúnias, nem mencionado a Protectora dos Animais. À saída, após um aperto de mão atabalhoado de Vitorino, a tia ainda lhe recomendou, entreportas:

— Firmeza! Hem?

De maneira que, se Jorge Matos pretendia conferenciar com Vitorino, na indagação da verdadeira natureza — una ou dual, quem sabe se trina... — daquela entidade que, sendo de ordinário «infecto populacho», algumas vezes se transmigra em «povo amado», teria que encontrar uma ocasião em que a tia não estivesse presente. Era de recear que as intervenções da expedita senhora, introduzindo, talvez, exemplos de criadas, tornassem a questão menos abstracta e mais derivativa.

Neste comenos, já passara além do edifício da Caixa Geral de Depósitos, que faz naquela área figura de cofre-forte tombado numa exposição de casinhas de bonecas, e preparava-se para atravessar a João XXI e endireitar ao Bairro de S. Miguel, pela Augusto Gil. «Que chatice», pensava, à medida que o momento crítico se ia aproximando, «não tenho jeitinho nenhum para estas coisas». E nem rosnou as habituais apóstrofes deselegantes contra a arquitectura bancária que, naquele lugar, vinham muito a propósito.

De súbito, sentiu uma espécie de aragem gelada pela coluna vertebral acima, mesmo antes de ouvir o rugido da moto. Aquilo era premonitório. Teve o pressentimento nítido, evidente, de que ia acontecer alguma coisa de muito desagradável e chegou-se instintivamente à parede.

Atroaram-se, toldaram-se e moveram-se os ares. A massa negra duma moto encheu o espaço e estacou, de súbito, mais adiante, com chispas vivas de luzes. Jorge, ainda a moto ia em movimento, distinguiu um braço, forrado de cabedal preto, que rematava numa mão enclavinhada a arrepanhar o espaço. Uma mulher que caminhava à frente, junto ao passeio, em passo quebrado de velha, foi atingida e vacilou. Houve um momento de confusão, com estridências revoltas. Caída a mulher, outras mãos lhe agarraram a mala e venceram, com safanões repetidos, a resistência da vítima, que se debatia, girando sobre si, no empedrado. O motor do engenho estrondeou, a mala de camurça da mulher, castanha, contrastava com o negro do blusão a que estava agora arrimada.

A mulher roubada, ainda presa pela correia da mala, foi arrastada por uns instantes, aos gritos, numa convulsão de roupas desmanchadas e membros dispersos. Antes de a moto desaparecer, lá ao fundo, na esquina com a Avenida de Roma, violando descaradamente, e a grande velocidade, o sinal vermelho, Jorge julgou perceber que era uma rapariga que ia aos comandos, pela figura, pela pequenez da mão que ajudara a despojar a velha, pelo modo dos gestos, pelos cabelos louros que se agitavam atrás do capacete marciano.

Só então se despegou da parede e tropegou umas passadas hesitantes ao encontro da vítima. Outros transeuntes continuavam a marcha, como se nada tivessem presenciado. Não era com eles. Ninguém se voltou para a mulher, que tentava, penosamente, erguer-se, ninguém lhe estendeu uma mão, ninguém teve um impulso, mesmo vão, na direcção por onde desaparecera a moto, ninguém fez um comentário.

Jorge captou um retalho de conversa, a seu lado, de um casal que subia, tranquilamente, pelo passeio.

— Quando compro um fato de treino sei o que estou a comprar.

— Mas, francamente, rosa e lilás...

— E a marca? A qualidade não conta?

Sentada na berma do passeio, a velha compunha o vestuário com gestos lentos, na aparência muito meticulosos e aplicados. Apoiou-se com uma mão, faltaram-lhe as forças, tornou a sentar-se. Quando Jorge lhe estendeu o braço, olhou para ele em lágrimas, de boca aberta, num pasmo, como se não acreditasse no que tinha acabado de acontecer. Para Jorge foi confrangedor e quase culpabilizante o silêncio daquela cara enrugada, cristalizado num grande espanto, sem gemidos, sem gritos, sem protestos. Apenas resíduos de lágrimas, envergonhadas, brilhando por entre as rugas.

Jorge ajudou-a a levantar-se. Não parecia estar ferida. Ela compôs o cabelo, devagar, minuciosa, com uma compenetração ausente.

— Está bem, minha senhora?

A mulher passou as mãos pelo casaco, olhou por cima do ombro e sacudiu a poeira que poderia estar pegada ao tecido. Depois deu um grande suspiro e fitou de novo Jorge, sem dizer uma palavra.

— Precisa de alguma coisa? Quer que vá consigo à polícia?

— Não, deixe estar, muito obrigada. — Voz sumida, a recobrar confiança, tomando o seu tempo. Repetiu «muito obrigada!» e foi-se afastando, devagarinho, já a secar as lágrimas com um lenço. Jorge, parado, viu-a a descer para a Avenida de Roma, lentamente, meio dobrada, até desaparecer na esquina.

Era uma moça quem conduzia aquela moto. Tinha quase a certeza. Ao fim e ao cabo, Eufémia havia-lhe dado um desgosto menor, comparado com o de um pai a quem a polícia convocasse para a esquadra, para ver a filha detida por cumplicidade com *gangs,* mafiosos, assaltantes, drogados... Como se sentiria o pai da rapariga da moto na ocasião em que lhe comunicassem que ela assaltava velhotas pelo processo de esticão, nas Avenidas Novas, em pleno dia? Muito pior, seguramente, que ele, quando recebia aquelas cartas de São Tomé, que, às vezes, traziam um santinho dentro. Ainda bem, ainda bem que Eufémia lhe tinha dado para missionária, ouvia as matinas e essas coisas, e estava a recato da criminalidade.

Lamentavelmente, a mãe parecia ter dificuldade em considerar os aspectos positivos da opção de Eufémia.

— Sim, o que é que queres? Diz lá!

Era ao telefone, nessa manhã. Os sinais de que Eufémia estava ansiosa por regressar tornavam-se cada vez mais nítidos nas cartas que recebia, que continham cada vez menos santinhos e mais má-língua sobre as pequenas argueirices da comunidade religiosa de São Tomé. Jorge explicou à ex-mulher que lhe parecia que a rapariga não tardava aí.

— Está bem. Se ela vier que me fale. Se quiser, claro!

Jorge recorreu a todas as suas reservas diplomáticas para evitar aquilo que a ex-mulher pretendia: uma briga telefónica matinal. Procurou ser manso, persuasivo. Ao fim e ao cabo, a mãe estava sentida com a pesporrência católica da filha face ao seu casamento... Havia que compreender...

— Olha, se ela quiser mesmo voltar, ajudas nas despesas?

— Então as freiras não lhe pagam?

— Sei lá. Eu só queria saber com o que posso contar... A minha conta bancária, bem vês...

— Ela foi porque quis, contra a nossa vontade. Agora, se quiser voltar, também há-de arranjar maneira, contra a vontade das freiras.

— Mas como é que podes dizer-me isso? Desinteressas-te da tua filha?

— Tu atreves-te? Tu, que sempre...

E lá estávamos caídos em plena gritaria ex-conjugal. Perdoarão que eu não desenvolva mais este diálogo e me abstenha de penetrar as recordações iradas de Jorge sobre a conversa dessa manhã. Depois de um «Eu?» indignado, Jorge também tinha começado a gritar. Seguiu-se um grande novelo de raciocínios incompletos, transmitidos por um vocabulário que os excedia. Jorge, querendo agora recordar-se, já tem dificuldade em evocar as palavras exactas com que vociferou. À ex-mulher acontecerá o mesmo. Ambos sabem apenas que estão irritados, magoados e ofendidos. É-me até difícil assegurar qual dos ex-cônjuges foi o primeiro a desligar o telefone. Cada qual garantiria que foi o outro. E, no meio das faíscas agressivas, queimadoras, que ressaltavam das recordações, ia-se insinuando em Jorge a tentação de aproveitar o diálogo para a sua última peça de teatro, tal a complexidade da humanal natureza pensante...

Lá estava A Oficina, com os seus apetrechos qualificativos em altos-relevos, num material plástico inflado. Passavam cinco minutos da hora. Gaita! A malta do Partido costuma chegar sempre a horas!

Renunciando ao Nirvana e aos equilíbrios cósmicos, com resignação acomodada ao espaço e ao tempo terreais, Joel penetrara, desconfiado e tímido, no antro. Ele próprio sugerira a Jorge A Oficina, por ter ouvido falar no bar às funcionárias da Fundação e por lhe parecer que o nome era portador duma simbólica adequada ao encontro. Jorge não conhecia A Oficina e, por isso, não se opôs. Joel teve de lhe prestar, telefonicamente, as indicações topográficas atinentes.

Entrava-se num piso térreo e, ao lado direito, depositavam-se os abafos num balcão, constituído por uma placa de madeira disposta sobre motores de automóvel amalgamados, que formavam uma barreira artística, muito polida, de interstícios preenchidos por uma massa vidrada, transparente. Atrás, uma empregada vestida com um fato-macaco amarelo e capacete de plástico branco dava as boas-vindas e entregava uma chapinha que tinha a forma de uma chave de porcas. À esquerda, no vão tenebroso, impunha-se, pesada, ameaçadora e colossal, pendurada de correntes, dominando as profundas, a tal colher de vazamento. A quem se sentasse no piso de baixo, na mesma vertical, o recipiente deveria figurar uma versão aumentativa e esmagadora da célebre espada de Dâmocles, valendo as estreitas correntes suspensórias para uma, como a frágil crina para a outra.

No primeiro piso, a uma mesa transbordando de copos, pires, garrafas de plástico e papéis amarfanhados, três mulheres riam muito galhofeiramente. Pareciam dispostas a tudo e pressentia-se alguma ferocidade naquela alegria. Joel considerou que, entre as mulheres, muito capazes de se meterem com ele, e a ameaça da colher de vazamento, era de optar por esta última. Ao fim e ao cabo, havia fiscalizações para essas coisas, mais do que para matronas bem bebidas, estridentes e prontas ao despautério. E foi descendo as escadas, muito sozinho e perdido, na esperança de encontrar um esconso onde se pudesse falar à vontade de coisas sérias, próprias de um cidadão consciente.

A escada era metálica, vibrava primeiro, reboava depois, enquanto Joel descia, torneando o grande vão. Protegia-a em toda a volta um corrimão muito áspero, composto de ferramentas soldadas umas às outras, numa amálgama pintada com uma tinta espessa, dura, cinzenta, faiscante de brilhos. Joel admirava-se com os quilos de sucata necessários para completar aquela rara obra artística.

O piso inferior apresentava, ao centro, uma pista de dança, de tacos de madeira, octogonal e lisa, mesmo por debaixo da colher siderúrgica, que só era movida aos fins-de-semana, para efeitos luminescentes. Aos lados, mais recolhidas, sob o abrigo protector de um tecto emaranhado de tubos, entristeciam-se algumas mesas, numa semiobscuridade. Nas paredes, nichos figuravam bocas tisnadas de fornos. Em dias festivos, tudo aquilo se enchia de chispas e de fumos, para carregar mais o ambiente metalúrgico. Nessas alturas, as bielas e os pistões, encastoados por todo o lado, moviam-se incessantemente em impulsos de vaivém. Lumes fingidos e incandescências de plástico davam, entre fumaradas olorosas, uma visão do inferno, ou das siderurgias operárias, conforme as imaginações. A temerosa colher de vazamento rolava e oscilava então nas alturas, com rumores cavos e aspersão de luzes coloridas. Nos dias de semana, fim de tarde, o movimento não justificava a despesa, a maior parte dos disjuntores encontrava-se desligada e as maquinarias em paz. Ainda assim, uns laivos de fumo pairavam aqui e além, vindos não se sabe bem donde.

Joel escolheu uma mesa, a um canto, que lhe pareceu mais recolhida e inofensiva. No extremo oposto, um casal, de mãos dadas, afastado pelo comprimento dos braços, num banco corrido, tinha os olhos fixados acima e não fazia um movimento. Joel admitiu que, no ponto do tecto para que eles olhavam, poderia haver algum motivo de interesse. Esticou e torceu um pouco a cabeça para ver melhor. Mas não. O vértice dos olhares mantinha-se fixado no mesmo ponto porque o casal era do feitio de pasmar assim, meditabundo, e tinha de pousar os olhos em qualquer lado, sendo aquele tão próprio para o efeito como outros.

Um empregado com a farda da casa, fato-macaco furta-cores, bota larga e capacete, veio inquirir o que tomava Joel, que caiu no erro de pedir sugestões. Ali lhe foi oferecida, num segredar cúmplice, a bebida que tornara A Oficina famosa: «*Cocktail* altos-fornos.» Joel não se atreveu a recusar. O homem afastou-se, e

230

Joel viu-lhe as costas, cruzadas por grandes letras fluorescentes que diziam: A OFICINA. Daí a momentos, olhava com terror para um copo alto, em feitio de proveta, listado de várias cores, com ardências azuladas à superfície e fumos que se exalavam duma greta do pires, destinada ao efeito. Mesmo depois de os fogos se extinguirem, teve medo de beber aquilo e deixou-se ficar na desconfiança. Que ingredientes, que sabores, conteriam aqueles «altos-fornos»? Substâncias prejudiciais ao fígado, ao estômago, aos intestinos, ao baço, aos pulmões, seguramente. Porque havia de ser ele tão tímido, tão pronto a fazer o jeito, mesmo de empregados vestidos de fato-macaco berrante, em vez de reclamar, firmemente, uma água das pedras, embora sabendo que a havia de pagar pelos olhos da cara? Sacudiu o copo, à socapa. Os diversos extractos de cores diferentes oscilaram mas não se misturaram. A fumarada redobrou. Joel assustou-se.

Jorge vinha atrasado. Mau! Teria dado com o lugar? E se estivesse à espera lá em cima, no primeiro piso? Ou à porta? Considerou a hipótese de se levantar e ir até à rua, deixando o relógio sobre a mesa, a afiançar, não fosse alguém julgar que ele se esgueirava. Mas o constrangimento de passar novamente em frente do casal hirto, contemplador de tectos, inibiu-o. Sentir-se-ia culpado, se eles, por sua causa, despertassem, remexessem, e aqueles olhares, de desmaiados e ausentes, passassem a fulminantes e acusadores. Descobriu que o fumo do pires tinha espalhado uma película esbranquiçada, húmida, sobre o mármore da mesa e desenhou uns ziguezagues com a ponta do dedo, que ficou surpreendentemente escurecida.

À noite, às nove e meia, telefonaria a Florentina. Talvez fosse má educação falar antes do final da telenovela brasileira. Nove e meia devia ser já boa hora. Usaria um tom severo. Era profundamente injusto que, num momento embaraçoso como o que estava a passar, Florentina lhe retirasse a sua compreensão. Ouvir-lhe-ia as queixas primeiro, mostrar-se-ia magoado depois e convidá-la-ia para almoçar no dia seguinte. Explicar-lhe-ia tudo. Faria com que se comovesse. É claro que mal desligasse, às nove e quarenta, receberia um telefonema de Cremilde, cheio de recomendações domésticas, depois da pergunta consabida: «Eu a ligar, a ligar, e sempre interrompido! Com quem é que tu falavas?» «Com o Jorge Matos, aquele meu amigo...» «Ah!», volveria ela, suspeitosa. Como a vida é complicada... Tudo em volta se conjura para agredir um pacato homem de meia-idade que não consegue sequer repartir por apenas duas mulheres os momentos que se seguem ao final das telenovelas...

Aquele ressentimento de Florentina Palha, tão imprevisto, tão ostensivo, tão alardeado, parecera-lhe um excesso, destinado a carregar-lhe mais a existência. Nem a idade nem o estado de espírito lhe davam já para se sentir muito lisonjeado pelo interesse dramatizado de uma colaboradora. Pelo contrário, a reacção dela incomodava-o, achava-a abusiva, descabida. Que razão tinha Florentina, afinal, para reivindicar direitos sobre ele? Apenas lhe dera um mínimo de confiança. Todos os seus gestos se mostraram castíssimos. Se algum impulso houve, foi bem recalcado, de maneira a não deixar vestígios.

A maior intimidade entre ambos havia sido uma visita conjunta a um hipermercado «dos trezentos». Ele tinha encarado com bonomia o pasmo dela perante caixinhas chinesas e esfregonas com balde por um preço daqueles... Ao apagar, fornecera umas moedas para facilitar os trocos de três pegas de louça tailandesas, em ráfia, ou lá o que era aquilo. Porque é que um simples passeio, descomprometido e consumidor, haveria de o sujeitar a cenas? É certo que a atmosfera na biblioteca levava a confidencialidades mansas, quase ternas, e que Florentina o ouvia e lhe dava importância, mas também, em contrapartida, na leitaria, ele escutava pacientemente a história das desavenças dela com a amiga de infância com quem partilhava o apartamento, aliás à revelia do senhorio... Não era caso para tanta efervescência. Pensando bem... Iria mesmo telefonar-lhe? Depois da telenovela? Seria melhor não? Mas que maçada, ter de decidir estas coisas quando estava iminente uma conversa histórica...

Nesse instante, Jorge Matos entrava desajeitadamente pela porta d'A Oficina e olhava em volta a considerar o sítio e a resumir, entre si: «Isto parece o comboio-fantasma!» A empregada do balcão, à direita, deitou-lhe um sorriso profissional, debaixo do capacete, e as três balzaquianas que galhofavam a uma mesa suspenderam os gestos e examinaram-no, antes de começarem a cochichar, com risinhos muito óbvios.

«Onde aquele tipo me veio meter», arrepelava-se Jorge. A colher de vazamento, suspensa sinistramente das alturas, também lhe mereceu um comentário íntimo e desfavorável: «Se aquela bodega se desprende e vem por ali abaixo...» Já uma das mulheres estendia um copo cheio de um líquido esverdeado na sua direcção, com as outras, muito gaiteiras, a fingir que a contrariavam, quando Jorge descobriu que havia ali umas escadas e que, se calhar, Joel esperava lá em baixo.

Foi descendo pela espiral, sempre a deitar olhares desconfiados para a colher de vazamento, e encarou com o casal estático, que ainda não se mexeu desde que eu comecei a falar nele. «Estarão mortos? Envenenados pelas bebidas da casa?» E, sardonicamente, Jorge teve um sorriso para dentro. Pousado no último degrau, agarrou-se firmemente ao corrimão e circunvagou o olhar. Não gostava nada daquilo. Se Joel não se apresentasse, de imediato — oxalá! —, ala pela porta fora!

Mas Joel já lhe acenava, semierguido, a um canto, atrás duma mesita, sobre que se erguia um cilindro de vidro transparente com uma mistela qualquer às cores.

— Desculpa lá. Aborrecimentos, trapalhadas, contrariedades...

— O costume.

— Pois. O costume. Que tal é isso? É bom? — Jorge tirava o casaco e olhava, desconfiado, para o «*cocktail* altos-fornos», já menos fumegante.

— Não sei. Nem me atrevo a beber...

— Uma água das pedras — ordenou Jorge para o lado, à aproximação do empregado mascarado de operário, que logo girou sobre si, com um ligeiro trejeito de desprezo que apenas Joel viu.

Durante alguns instantes conseguiram entreter uma maquinal conversação sobre coisa nenhuma. As chatices do trânsito, a decoração agressiva daquele antro, as balzaquianas atrevidas lá de cima que, às vezes, se deixavam ouvir em casquinadas agudas... Por fim, já depois de um gole da água das pedras, Jorge atacou a fundo:

— Tem ficado muita coisa por dizer entre nós, não é?

Foi como se reboasse um gongo, daqueles espancados antigamente nos cinemas pelos atletas musculados da Rank, ainda as luzes da sala esmaeciam e o genérico não tinha aparecido. Joel recolheu as mãos e inteiriçou-se:

— Diz lá — exigiu.

— Diz lá, o quê? — perguntou Jorge.

— O que tem ficado por dizer...

— Mas isso compete-te a ti.

— A mim...?

Joel raspou com o cutelo da mão os últimos vestígios dos fumaréus da bebida na mesa. Depois limpou as mãos ao fato, pressurosamente. Jorge estava a embaraçá-lo. Tinha de responder convincentemente. Ele já sabia! Alguém o informara! E atirou, muito depressa, de sobrolho franzido pelo esforço:

— O meu filho Cláudio está preso em Pinheiro da Cruz. Coisas de droga. Não tenho culpa. Não tenho culpa!

— Ah, sim? Ora que espiga. Coitado do moço...

— Pequeno tráfico. Não te disse, fiz mal, mas... bem vês... Contei-te que ele estava na Áustria, não foi?

— Na Suíça.

— A Suíça dele é Pinheiro da Cruz. Desculpa lá. Menti-te. Enganei-te e enganei o Partido.

Joel cruzou os braços e ficou-se, cabisbaixo, a olhar para ontem. A conversa já estava a correr mal. Era a vez de Jorge se sentir incomodado. Passava as mãos pela cara, uma após outra, como os gatos quando prevêem chuva.

— Que é que o Partido tem a ver com isso? — disse. E, mais sumidamente, sinceridade por sinceridade, houve por bem vencer o embaraço e confessar: — Também não é verdade que a minha filha esteja a tirar um curso lá fora. Está em São Tomé e Príncipe. É missionária. Meteu-se aí com uns padres. Reactividade contra os pais, ou lá o que é. Foi parar a São Tomé, pronto. Dá catequese e os primeiros socorros, acho eu... Aí tens...

E, por um momento, estabeleceu-se uma cumplicidade recolhida entre os dois homens, por mor dos filhos transviados. Ficaram pensativos. Jorge cruzou os dedos das mãos, rodou-as, esticou-as, atirou-as para baixo e produziu um estalido seco. Joel chegou a levar a proveta dos «altos-fornos» à boca, mas, num rebate de repugnância, desviou o líquido no último momento.

— A vida tem coisas esquisitas... — comentou, ao fim de um ror de tempo.

— A realidade — completou Jorge — é muito abusadora, lá diz um tipo que eu conheço...

— Olha — arriscou Joel a medo, depois de uma reflexão muda, algo demorada, acerca das agruras da vida —, e... quanto à minha entrada no Partido? Espero que isto não venha comprometer...

Jorge arrumou para um lado a garrafa da água das pedras e afastou, meticulosamente, o *cocktail* colorido para outro. Não ficou satisfeito. Voltou a dispor os objectos com uma sabedoria compenetrada. E, depois, entrou no assunto duma maneira que me dirão se foi a mais apropriada:

— Mas, olha lá, isso é assim tão importante para ti? — Jorge não suportou todo aquele espanto em que se contorciam as feições de Joel. E emendou para pior: — Joel, meu caro, estive a pensar... porque não te inscreves tu no Partido Socialista? Eles são muito aceitadores. E, vendo bem, está lá praticamente a malta toda...

Joel não respondeu logo. Primeiro, empalideceu.

— Jorge, não esperava isso de ti!

236

O tom era solene, de dignidade espezinhada, a rebelar-se. Jorge tentou corrigir:

— Ouve, eu não queria ofender-te. Não é nenhuma vergonha ir para o PS. Além disso...

Calou-se. O outro estava magoado. Olhava-o, de faces agora paradas, e segurava-lhe a manga do pulôver na ponta dos dedos, sem dizer nada. Jorge quase entrou em pânico. Bebeu, na atabalhoação, uma golada dos líquidos misteriosos dos «altos-fornos» e aquilo nem lhe soube a nada.

Mas porque é que o tinham incumbido daquela tarefa, se ele não tinha nem vontade nem jeito? Porque é que o Vitorino o abandonara, ali, sozinho, para ficar confortavelmente na sua domesticidade a arrumar caixinhas em companhia da tia e do periquito?

O empregado de macaco vistoso passou, com um leve ranger de botas, para ir dispor um *cocktail* fumegante na mesa do casal contemplativo, que nem assim despegou o olhar do tecto. Estranho. Teriam eles, entretanto, pedido uma bebida, sem que Jorge desse por isso? Perdera a oportunidade de lhes surpreender os olhos, de frente? As mulheres do primeiro piso davam agora um grande apupo, muito estridente, todas à uma. Lá em cima aquilo estava divertido. O empregado afastou-se, a sorrir, como se soubesse a razão das festividades.

— Ouve uma coisa. E se te decidisses a ser franco para comigo?

Joel encarava-o agora, resoluto, sombrio, de braços cruzados. Jorge suspirou, conformado (o que tinha de ser tinha muita força...) e agarrou na pasta.

— Joel, meu caro, diz-me sinceramente: é ou não verdade que tu ias a manifestações do PPD e que rasgavas cartazes da esquerda?

237

— Rasgar cartazes não me lembro, mas lá que fui a algumas manifestações, fui. Que é que tem?

— É chato, não?

— Achei que a revolução estava a andar demasiado depressa. Apostei na moderação. Foi uma fase, pronto. Já passou, há quase vinte anos.

— Hum...

— Foi um desvio, um erro... eu reconheço, e então...? Sou o mesmo homem.

Jorge, penosamente, lentamente, estendeu três fotocópias no tampo da mesa. Joel apoderou-se delas e foi lendo, aqui e além, olhos a saltitar mais acima e mais abaixo, os lábios a moverem-se, rápidos, na decifração de frases. Depois, brusco, empurrou os papéis na direcção de Jorge.

— Que é isto?

— Não foste tu quem escreveu esses textos? Não eras *O Vingador Patriótico*?

— Que disparate!

— Então e não traduziste *O Polvo do KGB...* ou lá como é que aquilo se chamava?

— Traduzi, pois. Aliás era uma porcaria...

— Aquele Joel Neves eras tu...?

— Águas passadas... Aliás, não me parece que o KGB mereça alguma estima de quem quer que seja.

Joel respondia direitamente e firme. Mostrava-se quase ofendido com as perguntas. Passara ao contra-ataque.

— Nunca supus, Jorge, que tu pudesses julgar-me capaz de escrever palermices paroquiais como as que me mostraste há bocado. É de mais, caramba...

238

Jorge não sabia que dizer. Lá veio o seu gesto, raro, de coçar o lado esquerdo da cabeça com a mão a passar-lhe atrás do pescoço. Com dificuldade, tentou lembrar-se das sugestões de Vera Quitério. Preferia, em consciência, que tudo ficasse dito pelas palavras de outros. Não pelas suas.

— Por mim, enfim, bem vês... Mas outros camaradas...

— Eu não escrevi a merda dos artigos, porra!

Joel deu uma palmada na mesa, tremelicou a garrafa e rodopiaram os líquidos do *cocktail*. Nem assim o casal melancólico desfitou o tecto.

— Pronto. Não escreveste. Mas no Partido há quem não te aceite e poderia ser embaraçoso, quer para ti, quer para outros...

— Em suma, fui recusado!

Jorge não respondeu. Com um dos polegares verificava meticulosamente a lisura do rebordo da mesa. Julgou que Joel ia estourar em fúria, e era o que de melhor podia ter acontecido. Esperou pela tempestade, de ombros encolhidos, mãos sobre a mesa. Os tipos mais tímidos, é sabido, são os que lhes dá para reacções mais desabridas. Ao prolongar do silêncio, sem que nada se passasse, espreitou, enfim, de viés, na direcção de Joel.

De tronco encostado para trás, colado ao espaldar da cadeira, Joel deixava pender a cabeça, oscilante, como se estivesse a concordar com uma voz interior que só ele ouvia. Mordia ligeiramente o lábio inferior, mas a expressão geral era de grande, abatida, gloriosa serenidade. Veio, enfim, daquele recanto, um murmúrio baixo, quase inaudível, muito entremeado com as sombras e com os fumos.

— O que eu me esforcei, Jorge. Isto para mim era tão importante.

Jorge teve um sobressalto, ia responder, ia justificar, ia contrapor, ia consolar, mas Joel não consentiu.

— Não digas nada. Eu sei que não tiveste culpa, não foi? E prosseguiu, indiferente ao gesto vago, em arco, de Jorge: — Fecharem-me a porta assim... Aos cinquenta anos, Jorge. Tenho já pouco para dar, mas estava tão disponível para o Partido. Este mundo cá de fora é tão seco, falta-lhe alma. É como... como um concerto de cegos maltrapilhos só com gestos, sem música.

Jorge não se exprimiria bem assim, mas percebeu o que ele queria dizer. Acenou vagamente com a cabeça, enquanto Joel prosseguia:

— Tenho andado por aí, aos baldões, tenho sofrido que nem um cão, tenho falhado em tudo, e agora as pessoas que eu admiro, que eu procuro e em quem deposito esperança fecham-me as portas...

E Jorge, sentindo-se tomado pelo horror das situações melodramáticas a que estão sujeitos os homens maduros, procurou regressar rapidamente a uma racionalidade menos emotiva.

— Mas, Joel, não estarás tu com ilusões? Afinal, que esperavas encontrar no Partido?

— As pessoas, lá, não são maltratadas, pois não?

Que poderia Jorge contrapor a isto? Não, as pessoas, efectivamente, não eram maltratadas, de uma maneira geral. Mas não lhe parecia que isso fosse razão suficiente para tanto empenho na militância. Então ele, que todos os dias considerava a hipótese de sair...

Mas, enfim, não ia denegrir o Partido só para levantar o ânimo de Joel. Dava-lhe que pensar isto de um homem procurar um nicho, um conchego em que apenas pedia que não lhe fizessem mal. O cerne da questão. Tudo o resto, as citações de Marx, a *Ça ira!*, as recordações do Tchapaev, eram mera justificação emblemática, ideológica, deste impulso primordial de recolha a um regaço. Joel precisava de colo, precisava que o embalassem com histórias edificantes, que o ouvissem e que o apreciassem de vez em quando. Quanto tempo aguentaria, depois, aquela ilusão de bolsa marsupial? E o que faria quando descobrisse o que não valia a pena explicar-lhe agora: que o Partido não era uma Ordem de Cavalaria; que, muito chãmente, muito lamentavelmente, como todas as humanais instituições, era apenas formado de gente, pobres homens e pobres mulheres, como todos nós? Dar-lhe-ia outra vez para — inconformado e desiludido — se chegar às organizações hostis e desatar a traduzir livros anticomunistas? Deixaria que a ilusão se transformasse em desilusão e essa em ódio? A cumprir-se este fado, lá teria Jorge, um dia, que ouvir vozes a rosnar: «Nós bem tínhamos prevenido contra esse Joel Strosse! Nós avisámos!»

— Joel — disse Jorge ponderadamente —, isto não é definitivo. O facto de não seres o autor daqueles artigos sempre conta. Podes, mesmo fora do Partido, mostrar dedicação, aplicação, frequentar os comícios, os colóquios, as reuniões abertas, convencer os camaradas da tua sinceridade.

— Tenho feito isso tudo. Até à Festa do *Avante!* fui, e não te encontrei lá.

Surpreendido, Jorge teve um risinho enervado, que apelava à cumplicidade, neste particular.

— Agorafobia. Essas coisas com multidões, não tenho feitio. Acho que é...

— Bom! — resolveu Joel interromper, para concluir, com uma coragem resignada: — Já foi tudo dito, não é? — e levantou o braço, para que o empregado trouxesse a conta.

Ainda o encontro não tinha acabado e já Jorge se sentia cheio de remorsos. Tinha frio na ponta dos dedos, abalados agora por uma ligeira tremura. Era-lhe evidente que a conversa não podia rematar assim. Faltava dizer mais coisas. Havia que dizer mais coisas. De repente, viu-se loquaz e ignorou o gesto de retirada de Joel. Todas as quinzenas — contava — havia uma malta excelente, que ele, Joel, talvez conhecesse, pelo menos de vista, e que se reunia num restaurante ali à Graça, o Solar do Macedo. Apostava que Joel se iria sentir bem lá. Cantavam-se canções alentejanas, as velhas canções revolucionárias. Confraternizava-se. Dizia-se mal do Governo. Porque é que Joel não começava a aparecer? Era a altura. Da próxima vez — ficava combinado — iria com ele próprio, Jorge. A malta havia de gostar de o conhecer ou, melhor, de o reconhecer...

— A conta, se faz favor... — A voz de Jorge foi esmorecendo, ao perceber que Joel já não o ouvia.

Revelou-se inútil a menção de várias personagens de que Joel talvez ainda se recordasse. Ele recolheu o pires com a conta, num gesto rápido, e enfrentou Jorge com ferocidade, cortando-lhe a palavra:

— Pago eu!

Antes de se levantarem, houve ainda uns gestos e uns balbucios de Jorge, descoordenados e ridículos. Estava com raiva a Vitorino Nunes e a Vera Quitério. Sentia-se desastrado, inábil, trapalhão. Havia de pedir contas por o terem deixado partir sozinho para aquela conversa. Na dureza dos gestos de Joel, após as suas divagações sobre o Solar do Macedo, sentia a dignidade ultrajada do tipo que vem pedir trabalho e a quem despedem com uma nota discretamente enfiada no bolso da camisa...

— Não, não, pago eu! — insistia Joel, apertando a conta ao peito.

Estava dito. E compreendido. A gesticulação confusa e embaraçada de Jorge Matos, agora mal interpretada, não tinha que ver com a conta. Era apenas falta de jeito. E foi também com falta de jeito que vestiu o casaco.

Passaram rés ao casal estático, que permanecia imóvel, de olhos ao alto. Quase apetecia fazer uma garotice. Dar um berro. Um «Uh!», a ver se aqueles se descompunham. Mas o passo seguro, silencioso, de Joel a subir as escadas não propiciava nenhuma cumplicidade. Nem, a bem dizer, Jorge seria capaz de uma provocação descarada, que não fosse em pensamento. Naqueles momentos, a circular debaixo da colher de vazamento, Jorge pensou que marchava ao lado da própria tristeza. Como se notam os sentimentos de um homem quando ele vai comedido e ponderado de gestos? É uma espécie de halo que lhe há em volta, que não se vê, mas contagia e nos dobra os ombros e amarfanha o peito ao simples contacto dos ares próximos.

Joel entregou a chapa em forma de chave e recebeu o sobretudo. Vestiu-o com compenetração. Não repararam na mesa das mulheres festivas que, permanecendo lá ou não, gritando ou não, era a mesma coisa.

Já na rua, Joel estendeu a mão a Jorge.

— Bom — disse, no esforço de um sorriso.

— Aparece, meu caro. Olha, havemos de ir almoçar um dia. Com o Vitorino Nunes, hem?

— Ah, sim, claro.

Joel desfez o sorriso forçado, de circunstância. Jorge interrompeu uma frase qualquer que ia a acrescentar. Viu-o atravessar a rua, em passo tranquilo, e caminhar até à esquina. Depois, um aceno de mão e desapareceu. Jorge seguiu para o lado oposto, não porque fosse esse o seu caminho, mas apenas para não seguir na peugada taciturna de Joel. Daí a instantes havia de passar em frente da Fundação Helmut Tchang Gomes, mas nem atentaria na magnífica cor magenta, então ainda vivaz.

E, assim, prestes terminará o romance do infortunado Joel Strosse. Não sei o que lhe acontecerá de seguida. Talvez, após os telefonemas dessa noite, ele se instale no seu escritório e descubra na estante certa poesia de Rilke, *reiten, reiten, reiten...* e lhe venha, por associação, à memória, uma canção guerreira: *ich hatte einen Kameraden / einen bessern findst du nit,* ou outra da mesma estirpe sinistra. Não garanto, mas será de admitir, porque Joel se encontra em estado de vulnerável labilidade. Numa prateleira da estante, atrás de um soldado de chumbo já muito encardido, pousam, irmanados, o *Alcorão* e a *Bíblia Sagrada*. Outras hipóteses de consolo que se deixam em aberto... Sabe-se lá... Do filho, Cláudio, é que ele não poderá esperar nenhuma consolação. O rapaz afeiçoou-se à tutela do Estado e arranjará maneira de a garantir pela vida fora, com permanências cada vez mais longas em estabelecimentos especializados.

Quanto a Jorge, apoderou-se dele uma ideia fixa que se instalou e removeu, de um golpe, como num lance de foice roçadoura, a comiseração por Joel, a estopada dos processos disciplinares, as vigílias dramatúrgicas e a resignada fidelidade ao Partido: tratava-se de recuperar, desse por onde desse, a sua filha Eufémia, perdida numa missão obscura, numa ilha africana. Os próximos meses de Jorge serão totalmente ocupados nessa tarefa, que implicará brigas e reconciliações sucessivas com a ex-mulher, uma licença sem vencimento e enormes despesas em telefonemas e cartas-expresso. Eufémia regressará, enfim, muito malquista com a Igreja, e abrirá a tal *boutique*. O fabrico de umas jóias de acrílico com berloques dar-lhe-á alguma notoriedade.

Eduarda Galvão, que eu perdoei, por não haver mais ninguém capaz disso, não morrerá tão cedo, nem no romance, nem fora dele, mas terá contrariedades grandes, ao invés do que lhe anunciaram os astros, interpretados por um cidadão que se tinha considerado competente para os interpelar, após a falência do *stand* de automóveis em que até era bom profissional. Bernardo Veloso, transcorrido um período de sisudez e desatenção, comunicara-lhe que a deixaria, porque se lhe impunha uma «experiência existencial» irrecusável, que implicava grande disponibilidade. E foi viver com um estilista que usava o pseudónimo de *Cicerone* e era muito afamado por ter concebido, para as mulheres, a harmonização entre saias plissadas, rígidas de goma, e as botas militares, rebrilhantes de graxa. Na redacção da *Reflex* passaram a achar menos graça a Eduarda, até porque ela ia envelhecendo. Mas, antes que a despeçam, a própria *Reflex* soçobrará devido ao aparecimento concorrencial de uma nova revista, a *Uau!*, que dedica, no máximo, três linhas a cada notícia, sete aos artigos temáticos e dez ao editorial. Eduarda passará a cozinhar bolinhos para fora e conseguirá, através de conhecimentos afectivos, a locução matinal duma rubrica televisiva sobre culinária ecológica. Isto antes de prosperar, dando aulas de ginástica alquímica, lá para o ano dois mil e tantos...

A tia de Vitorino Nunes não durará para sempre e deixar-nos-á, pouco depois de o periquito ter sido esmagado por um funcionário distraído da Companhia das Águas, em má hora chamado para estancar uma inundação na cozinha. Desceu à terra com uma bandeira vermelha sobre o caixão, no centro de um círculo de punhos erguidos, contristados mas firmes, ainda emocionados por um belo e breve discurso proferido por um senhor muito curvado, de bengala de mogno e cabelos nevoados sob a boina basca. Vitorino emagreceu, o bigode foi-se-lhe tornando todo branco. Um belo dia, juntou-se com Vera Quitério, no velho apartamento das Avenidas, e passou também a dizer «era bom que trocássemos umas ideias sobre o assunto».

Uma ocasião, Jorge Matos encontrou-o e dirigiu-lhe pela quinquagésima vez a pergunta que todos os comunistas de todo o Mundo já se fizeram, no íntimo, pelo menos quatrocentas vezes: «Que significa ser comunista, hoje?» Vitorino recolheu-se, sisudo, durante um momento brevíssimo. Depois, abriu um sorriso jovial, de orelha a orelha, e deu-lhe uma palmada sonora nas costas: «É pá, tem calma, pá!», disse.

E o Tejo continuou a correr, e os tempos a não haver meio de os parar.

OBRAS DE MÁRIO DE CARVALHO

Contos da Sétima Esfera (contos), 1981

Casos do Beco das Sardinheiras (contos), 1982

O Livro Grande de Tebas, Navio e Mariana (romance), 1982
Prémio Cidade de Lisboa

A Inaudita Guerra da Avenida Gago Coutinho (contos), 1983

Fabulário (contos), 1984

Contos Soltos (contos), 1986

A Paixão do Conde de Fróis (romance), 1986
Prémio Dom Diniz

E se Tivesse a Bondade de Me Dizer porquê? (folhetim),
em colaboração com Clara Pinto Correia, 1986

Os Alferes (contos), 1989

Quatrocentos Mil Sestércios
seguido de O Conde Jano (novelas), 1991
Grande Prémio APE (conto)
Grande Prémio de Conto Camilo Castelo Branco

Água em Pena de Pato (teatro), 1991

Um Deus Passeando pela Brisa da Tarde (romance), 1994
Prémio de Romance e Novela da APE/IPLB
Prémio Fernando Namora, Prémio Pégaso de Literatura
Prémio Literário Giuseppe Acerbi

Era Bom que Trocássemos Umas Ideias sobre o Assunto (romance), 1995

Apuros de Um Pessimista em Fuga (novela), 1999

Se Perguntarem por Mim, não Estou
seguido de *Haja Harmonia* (teatro), 1999
Grande Prémio APE (teatro)

Contos Vagabundos (contos), 2000

Fantasia para Dois Coronéis e Uma Piscina (romance), 2003
Prémio PEN Clube Português Ficção
Grande Prémio de Literatura ITF/DST

O Homem que Engoliu a Lua (infanto-juvenil), 2003

A Sala Magenta, 2008
Prémio Fernando Namora,
Prémio Vergílio Ferreira (pelo conjunto da obra)

A Arte de Morrer Longe (romance), 2010

O Homem do Turbante Verde (contos), 2011

Quando o Diabo Reza (romance), 2011

Não Há Vozes não Há Prantos (teatro), 2012

O Varandim seguido de **Ocaso em Carvangel** (novelas), 2012

A Liberdade de Pátio (contos), 2013